国货崛起

传统品牌如何突围

吕秀兰 ／ 著

电子工业出版社
Publishing House of Electronics Industry
北京·BEIJING

未经许可,不得以任何方式复制或抄袭本书之部分或全部内容。
版权所有,侵权必究。

图书在版编目(CIP)数据

国货崛起:传统品牌如何突围 / 吕秀兰著 . —北京:电子工业出版社,2024.1
ISBN 978-7-121-46924-4

Ⅰ.①国… Ⅱ.①吕… Ⅲ.①品牌营销－研究－中国 Ⅳ.① F713.50

中国国家版本馆 CIP 数据核字(2023)第 246252 号

责任编辑:黄　菲　　文字编辑:刘　甜　　特约编辑:刘　露
印　　刷:三河市华成印务有限公司
装　　订:三河市华成印务有限公司
出版发行:电子工业出版社
　　　　　北京市海淀区万寿路 173 信箱　邮编:100036
开　　本:720×1000　1/16　印张:15.5　字数:248 千字
版　　次:2024 年 1 月第 1 版
印　　次:2024 年 1 月第 1 次印刷
定　　价:78.00 元

凡所购买电子工业出版社图书有缺损问题,请向购买书店调换。若书店售缺,请与本社发行部联系,联系及邮购电话:(010)88254888,88258888。
质量投诉请发邮件至 zlts@phei.com.cn,盗版侵权举报请发邮件至 dbqq@phei.com.cn。
本书咨询联系方式:1024004410(QQ)。

前 言
PREFACE

营销（Marketing）是"二战"后经济高速发展的产物，其从产生到发展，经历了一段辉煌的历程。但遗憾的是，目前它已经陷入一种尴尬境地。企业如堕烟海、市场变幻莫测，所以很多营销者都认为现在的它正经历一个最坏的时代。

但我不这样认为，与其用"最坏的时代"来形容营销，倒不如说营销迎来了一个前所未有的乌卡（VUCA）时代，即易变的（Volatile）、不确定的（Uncertain）、复杂的（Complex）、模糊的（Ambiguous）时代。从商业化角度来讲，营销其实是一个"将无变为有"的过程，在此过程中，企业要将一些美好的想象和愿景转化为真实的客观存在。在这个过程中，盲目和无知的行动势必会失败。

那么，在VUCA时代，营销到底是什么？做营销是为了什么？什么样的营销手段更适合企业？如何才能让营销发挥其最大价值？当受众和环境发生变化时，应该如何升级营销战略？……带着这些问题，本书总结了9个关键词，重新反思企业如何才能做好营销。

（1）新传播战略：不少传统国货品牌因为跟不上时代而被迫离场，为了不让这样的"惨案"再次发生，学习新传播战略迫在眉睫。在新零售背景下，4P理论、4C理论、4E理论都是必备知识，这些知识将帮助企业优化营销方案，实现品牌进阶和病毒式传播。

（2）定位：无论采取何种营销手段，消费者都是当之无愧的"中心人物"，一切与营销相关的行动都要围绕消费者进行。因此，企业首先要通过STP理论定位消费者，其次为他们绘制画像，探索他们的消费动机和消费行为，最后根据不同生命周期设计不同营销方案。

（3）爆品：市场的不确定性越来越强，应对这种不确定性的有效方法就是回归商业本质，打造真正受消费者欢迎的爆品。国货鸿星尔克旗下就有不少爆品，如2022年12月正式上线的"枫叶鞋"、充满科技感的极风SP马拉松跑鞋、奇弹lite系列跑鞋等。在鸿星尔克的发展过程中，这些爆品发挥了很大作用，创造了亮眼的销售业绩。

（4）内容：消费升级让"内容为王"原则再次被推到风口浪尖之上，有吸引力的内容似乎已经成为企业在新零售时代获取流量的密码。要打造内容体系，"语言钉"、"视觉锤"、故事等都是必备元素。就像鸿星尔克的内容版图，不仅有微博等社交平台上的内容营销，还有一波三折的品牌成长故事和驰援河南的暖心故事。这一切都在推动着鸿星尔克不断发展与进步。

（5）"留量"：新零售让"流量"到"留量"的转化初见端倪，一众企业伺机而动，从短视频、直播带货、私域运营等方面入手聚集"留量"。鸿星尔克带着抖音账号"疯狂下属"在"留量"时代参与竞争，同时抢占直播带货赛道，吸引了大量黏性极强的忠实粉丝。

（6）口碑：正所谓"自夸不如人夸"，想达到这样的境界，离不开口碑建设。有了口碑，消费者将主动帮助企业做宣传，企业甚至可以采取粉丝经济战略，通过粉丝完成变现工作。例如，鸿星尔克推出"感恩成长日"主题活动和可爱的"小鸿帽"，充分体现了其对消费者的真诚之心，迅速引爆了口碑。

（7）年轻化：品牌有自己的生命周期，国货企业唯有不断进行品牌年轻化迭代，才能更长久地保持活力，不被消费者抛弃。鸿星尔克迎合年轻消费群体的偏好，与《银魂》《王者荣耀》等知名IP跨界合作，在年轻消费市场占据了一席之地，跟上了时代潮流。

（8）团队：任何企业都希望打造一支稳定、积极向上的营销团队，毕竟营销工作离不开团队的支持和帮助。对此，企业应该了解团队必须具备的四大核心能力，同时还要整合资源，让资源为团队所用。当然更重要的是，企业要用文化激发团队的热情和战斗力。

（9）全链路：互联网的迅猛发展将整个世界连接在了一起，营销也应该顺势而为，不能再像之前那样呈现割裂状态。于是，"全链路"这个概念应运而生，并对"人""货""场"进行了重构，使新零售时代的数字化营销得以实现，也帮助企业实现了可持续增长。

归根结底，营销是一项长期工作。这里的长期不是指长期计划，而是指长期坚持。作为营销者，在一段时间内带着思考重复自己的营销动作到一定程度后，创新便会自然而然地产生。这是极具价值和操作性的营销秘诀。

营销者，希望得到一束英雄主义的光。

营销者，要坚守心中的营销梦想。

营销者，面对瞬息万变的世界，要以不变应万变。

营销者，好时代，抓机会；坏时代，多奋斗。

营销者，请始终坚守营销底线。

最后，引用作家罗曼·罗兰说过的一句话："世界上有一种英雄主义，那就是在认清了全部生活真相后，依然继续热爱生活。"希望每一位营销者在认清营销的真相后，还可以继续热爱营销。

目 录
CONTENTS

第 1 章
困局突围：传统品牌的新传播战略

1.1 传统企业陷入营销困局 / 002

    1.1.1 传统企业瓶颈：门店业绩不理想 / 002

    1.1.2 消费者有了更加自由的选择空间 / 004

    1.1.3 公域流量获取难，价格高 / 007

1.2 从产品到消费者 / 011

    1.2.1 4P 理论：树立良好的品牌形象 / 012

    1.2.2 4C 理论：从关注产品到关注消费者 / 015

    1.2.3 4E 理论：丰富消费模式与场景 / 018

1.3 品牌进阶之路 / 021

    1.3.1 调整营销发力点，转向新媒体 / 022

    1.3.2 从组织生产转向消费者生产 / 024

    1.3.3 从线性传播转向病毒式传播 / 028

第 2 章
消费者定位：找到企业的生态圈

2.1 STP 理论：完善定位战略 / 034
  2.1.1 市场细分（S）：迅速找到匹配的受众 / 034
  2.1.2 目标市场选择（T）：只满足部分消费者的需求 / 038
  2.1.3 市场定位（P）：锁定重点受众 / 039

2.2 消费者画像：聚焦消费者的动机和行为 / 042
  2.2.1 消费者画像与 PERSONAL 八要素 / 042
  2.2.2 消费者标签：充分理解目标群体 / 043
  2.2.3 提炼关键词：提炼影响消费者行为的核心因素 / 047
  2.2.4 层次化分类：串联信息，构建画像 / 050

2.3 生命周期模型：精细化营销，提升消费价值 / 051
  2.3.1 AARRR 生命周期模型 / 051
  2.3.2 不同生命周期的营销重点 / 054

第 3 章
爆品思维：一款产品占据市场

3.1 新二八定律 / 058
  3.1.1 爆品是强劲竞争力的来源 / 058

3.1.2 一个单品激活一条产业链 / 062

3.1.3 芷境 1.0 为鸿星尔克带来共创奇迹 / 064

3.2 用研究的心态做产品 / 066

3.2.1 需求分析：围绕需求思维做产品 / 067

3.2.2 情感设计：与消费者建立信任关系 / 070

3.2.3 迭代优化：注重颠覆性创新 / 072

3.2.4 "科技+体验"双升级，鸿星尔克的创新之路 / 076

3.3 好产品自己会"说话" / 079

3.3.1 自我推销：主动表达传播性信息 / 080

3.3.2 让消费者少做选择 / 082

3.3.3 "新奇有趣"最容易被感知 / 084

3.3.4 "炁科技"跑鞋：国风与科技的结合 / 088

第 4 章
内容为王：传统品牌如何出圈

4.1 内容构建：让品牌生而不凡 / 092

4.1.1 打磨语言钉，一句话定位品牌 / 092

4.1.2 开发视觉锤，集中注意力 / 095

4.1.3 长青内容：体现企业深度价值 / 099

4.1.4 如何从内容到销售 / 102

4.2 故事营销：通过故事展示情感 / 103

 4.2.1 营造共鸣，打动人心 / 103

 4.2.2 展示实力，提供专业意见 / 105

 4.2.3 驰援河南，鸿星尔克的社会责任感 / 107

4.3 用户创作内容："野性消费"背后的品牌效应 / 110

 4.3.1 UGC加速病毒式传播 / 110

 4.3.2 鸿星尔克如何借助"野性消费"出圈 / 113

第 5 章
从"流量"到"留量"，营销矩阵搭建

5.1 短视频：精细化运营，提升传播力 / 116

 5.1.1 打造极具个性的短视频 / 116

 5.1.2 潜移默化植入产品 / 119

 5.1.3 优化发布渠道：提升视频播放量 / 122

 5.1.4 鸿星尔克和《对话中国跑者》/ 123

5.2 直播带货：把握线上线下销售新风口 / 125

 5.2.1 直播预热留足悬念 / 125

 5.2.2 产品介绍技巧 / 128

 5.2.3 积极与粉丝互动 / 129

 5.2.4 线下店铺：吸引粉丝到店消费 / 131

5.3 抖音：持续生产优质内容 / 132

  5.3.1 如何打造抖音账号 / 132

  5.3.2 持续性生产优质内容 / 135

  5.3.3 抖音更新规划设计 / 138

  5.3.4 如何做好抖音运营数据分析 / 139

5.4 私域运营：最大化展现产品价值 / 140

  5.4.1 从"流量"到"留量"，深挖消费者价值 / 141

  5.4.2 如何引导消费者到社群 / 142

  5.4.3 提升社群活跃度 / 144

  5.4.4 搭建社群矩阵 / 146

第 6 章
口碑建设：俘获信任，加速自传播

6.1 自夸不如人夸，让消费者替你做宣传 / 150

  6.1.1 好口碑创造品牌价值 / 150

  6.1.2 好口碑促进二次成交 / 152

  6.1.3 危难之中的守望相助，鸿星尔克的社会责任感 / 154

6.2 如何塑造企业口碑 / 157

  6.2.1 情绪是口碑传播的助推剂 / 157

  6.2.2 话题越有"料"，口碑越好 / 159

6.2.3 传播引发关注，关注激活价值 / 163

6.3 发展粉丝经济 / 165

6.3.1 整合资源，实现突破性涨粉 / 166

6.3.2 如何进行粉丝价值变现 / 168

第 7 章
品牌年轻化：打造全新品牌 IP

7.1 90 后成为消费主体，品牌急需年轻化 / 172

7.1.1 所有品牌都需要年轻化吗 / 172

7.1.2 时代更迭，年轻人占据市场 / 174

7.1.3 科技迅猛发展，新兴渠道大受欢迎 / 176

7.2 品牌年轻化策略 / 178

7.2.1 真实性：始终遵循品牌 DNA / 178

7.2.2 酷感：高颜值的外在和有趣的内在 / 180

7.2.3 差异性：拥有独特的销售主张 / 183

7.3 "品牌 +" 战略，跨界玩出新花样 / 187

7.3.1 品牌 + 产品：鸿星尔克 × 小度科技感智能健身 / 187

7.3.2 品牌 +IP：鸿星尔克 × 王者荣耀虎年限定系列 / 190

7.3.3 品牌 + 品牌：鸿星尔克 × 统一"为健康燃擎"/ 192

第 8 章
团队管理：用创意文化凝聚人心

8.1 狼性团队的核心能力 / 196

  8.1.1 更快的反应速度 / 196

  8.1.2 更高的运行效率 / 198

  8.1.3 更强的专业能力 / 200

  8.1.4 更活的管理方式 / 202

8.2 整合资源，增长为先 / 204

  8.2.1 整合各部门，破除谷仓效应 / 204

  8.2.2 目标导向：工作核心指向增长 / 206

8.3 用文化激发团队战斗力 / 208

  8.3.1 团队意愿：做好文化工作的基石 / 208

  8.3.2 团队能力：用文化工具与培训完成赋能 / 209

第 9 章
全链路数字化营销：促进长效增长

9.1 数字化重构"人""货""场" / 212

  9.1.1 精准个性的"人" / 212

  9.1.2 高效流通的"货" / 215

9.1.3 全时全域的"场" / 217

9.2 打通营销全链路 / 220

9.2.1 连接触点,"品效协同"升级 / 220

9.2.2 扩张战略下的规模化增长 / 222

9.3 搭建可持续增长的营销体系 / 224

9.3.1 消费者生命周期管理,构建全渠道触点 / 224

9.3.2 数据赋能决策,自动化个性营销 / 227

结语 / 231

第 1 章

困局突围：
传统品牌的新传播战略

如果你是一名营销者，而且有幸采访过95后、00后、05后等群体，那么你可能会发现，你所熟知的很多传统品牌，在他们眼里其实已经"老"了。这些传统品牌也许曾"叱咤商场"，但现在因为跟不上时代的步伐而逐渐归于沉寂，甚至直接被打入"死牢"。这难免不让人惋惜。对于已经"老"了的传统品牌来说，重新振作起来，通过新传播战略突破发展困局才是正解。

1.1 传统企业陷入营销困局

时代在变化,消费者在变化,所以营销思路也必须随之变化。否则,那些一直受限于传统营销模式的传统国货企业很可能会陷入营销困局。另外,现在获取公域流量越来越难,新型营销思路将使企业把营销重点放到私域流量上。这样正好可以帮助企业减轻成本压力,同时让企业的产品和品牌被更广泛地推广与传播。

1.1.1 传统企业瓶颈:门店业绩不理想

如今,整体的市场形势并不乐观,全球很多国家和地区的经济都受到了不同程度的影响。在经济方面,一个比较明显的变化是:实体门店大受打击,业绩出现不同程度的下滑。

其实,在面对市场震荡等黑天鹅事件(代指难以预测的,通常会引起市场连锁负面反应,甚至颠覆市场的不寻常事件)时,各行各业似乎都遭遇了前所未有的"滑铁卢"。企业作为重要经济体,虽然无法阻止黑天鹅事件的发生,但可以改变发展战略。

毫不夸张地说,当同类企业都处在相似的外部环境中时,能够想明白如何通过内部战略的优化和调整,将自己打造成行业佼佼者的那一家企业，才能顺利度过瓶颈期，成为胜者。市场在不断波动，它就像一块试金石，检验着企业的生存能力，倒逼着企业转型。而在此之际，如何迎合发展趋势，将下滑的业绩挽救回来，便成为当务之急。

对于企业来说，挽救业绩的关键在于时刻洞察并满足新消费时代消费者的需求。例如，到了冬天，消费者对加厚卫衣和外套的需求很大，此时企业就可以尽可能盘点库存，让消费者通过门店和线上旗舰店等渠道便捷地买到所需产品。随着天气逐渐转暖，当消费者对文创产品、科技类产品的需求越来越强烈时，企业就可以与知名 IP 合作，携手推出联名文创产品。鸿星尔克曾经就与三星堆博物馆进行跨界合作，并在社交媒体上发布了此消息，引发了网友的广泛关注和讨论，如图 1-1 所示。

在洞察消费需求的基础上，企业还可以通过数字化转型构建差异化价值，即从设计、生产、制造、销售到员工的工作方式，都实现数字化。例如，鸿星尔克依托人工智能、大数据、物联网等技术，

图 1-1　鸿星尔克与三星堆博物馆跨界合作

提前预测消费者的购买行为，加快将消费需求转化为产品和服务的速度。

在线上线下协同发展成为必然趋势的大背景下，面对消费者的倾斜性涌入，企业还应该积极构建线上运营体系，并进一步推动物流和服务的数字化转型，保证线上交易平稳、高效进行。现在很多企业会在微博、微信、快手、抖音等社交平台上发布品牌故事、设计理念等内容，并推出互动游戏，迅速拉近自己与消费者的距离，保证企业可持续发展。

面对突如其来的黑天鹅事件，很多传统品牌感到措手不及。但黑天鹅事件也让很多企业意识到，转变经营方式已刻不容缓。现在无论哪种类型的企业，都应该积极拥抱新渠道、新平台、新传播方式，利用自己多年来积累的深厚品牌基础及优秀形象等优势，吸引更多年轻人的视线，从而逆转颓势，挽救低迷的业绩。

1.1.2 消费者有了更加自由的选择空间

随着产品触达消费者的渠道增加，以及产品同质化越来越严重，消费者在购物时有了更多选择。对从卖方市场发展起来的传统品牌来说，这并不是一个好现象。消费者的选择变多了，就意味着市场从卖方市场变成买方市场。而传统品牌的营销能力往往不足，导致其在与新品牌竞争的过程中很难占据优势，甚至会逐渐被市场淘汰。

为了吸引消费者，很多传统品牌采取了低价竞争策略，但这并非长久之计。第一，传统品牌大多以线下门店作为主要销售渠道，成本较高，降价空间有限；第二，线上和线下价格差距大，会进一步影响线下的价格体系和销售业绩，从而拉低传统品牌的价值。

传统品牌如果想真正在同质化竞争中脱颖而出，不能只依靠价格补贴，而是应该想办法争取消费者的优先选择权。然而，在同质化竞争越来越激烈的时代，争取优先选择权并不是一件轻松的事。此时，传统品牌就要赋予产品一定的社交性与传播性，与消费者深入沟通，用他们喜欢的方式与他们对话，从而重新唤起他们对国货的认同感。

鸿星尔克推出的"青年共创计划"将品牌与消费者连接在一起，为其产品带来源源不断的创新动力。每个参与共创的消费者都很热爱鸿星尔克，所以才会对产品提出意见和建议。他们也会长久地在多种场景下使用鸿星尔克的产品，并促使产品不断创新、优化、迭代。

在瞬息万变的数字化时代，消费者希望自己有更多的主动权。鸿星尔克一直坚持的"青年共创计划"将消费者从品牌的被动接收者变成主动参与者，而鸿星尔克则只需要为消费者提供开展头脑风暴的舞台和机会即可。"青年共创计划"使鸿星尔克与消费者保持着高频率沟通，让消费者在品牌、产品、服务等方面都可以有所参与，推动消费者充分施展自己的才华。

直到现在，鸿星尔克也一直坚持和消费者共创品牌，将自己打造成为"属于国人的鸿星尔克"。当然，这也是鸿星尔克作为国货品牌的价值所在。鸿星尔克的很多产品都采纳和借鉴了网友的建议或融合了粉丝的创意。这样他们就会感受到自己是鸿星尔克的一员，自己的想法真实、贴切地呈现了出来。久而久之，他们的参与感和消费热情就被充分激发出来。

鸿星尔克在研发和设计"氢科技"跑鞋时，收集了消费者的意见和创意。随着"她经济"的崛起，鸿星尔克专门收集并分析了女性消费者的消费数据，推出专为女性跑者打造的"氢科技"女款跑鞋，满足了女性消费者在增高、轻便、易搭配等方面的需求。在这个过程中，鸿星尔克与女性消费者建立起沟通的桥梁，让"氢科技"女款跑鞋具备了很强的社交属性。

在"青年共创计划"的指引下，鸿星尔克还采纳了网友在微博评论区留下的宝贵建议，先后与各大IP合作，推出了一系列跨界共创活动，如图1-2所示。

图1-2　鸿星尔克的跨界共创活动

2021年8月，鸿星尔克携手河南博物院推出第一款河南文创系列产品；同年9月，鸿星尔克与动漫《一人之下》合作，共同推出联名板鞋；同年10月，鸿星尔克与清明上河园携手，发布了清明上河图款板鞋，在鞋上重现北宋开封城的繁华……

为了应对越来越激烈的同质化竞争，鸿星尔克主动出击，与消费者深入沟通，积极拥抱Z世代。这种措施让消费者在无形中对鸿星尔克这一品牌建立了深刻的国货认知，鸿星尔克也因此获得了更多关注，销售业绩和品牌影响力也大幅度飙升。

需要注意的是，鸿星尔克和消费者共创是有一定门槛的。

（1）允许消费者参与产品上市全过程，包括创意设计、产品研发、产品推广等。

（2）及时给予消费者正向反馈，鼓励他们多提意见和建议。

（3）共创模式需要投入很多资源，产品也要不断优化和调试，因此综合成本比较高。这对团队协作能力、资源储备，甚至供应链都提出了更高的要求。

不过，一旦跨过了门槛，品牌就可以"守得云开见月明"。而且相比于新品牌，传统品牌有更深厚的消费者基础和更强大的研发实力，因此也就更容易跨过门槛。但在此过程中，跟风做产品是不可取的，在承载"历史包袱"的同时转变思维、开拓新道路才是正确做法。

1.1.3 公域流量获取难，价格高

随着时代的不断发展，流量成为企业经营的根本。但现在越来越多的企业，包括传统企业都开始布局流量战略，导致流量红利被瓜分殆尽，获取流量的成本也变得越来越高。面对高昂的成本，很

多企业把大笔营销预算"砸"下去,却收效甚微。

现在无论传统的电视广告、户外广告,还是在各种各样的视频、门户网站等投放广告,本质上都是在公域流量池中寻找消费者。并且,随着微博、抖音、小红书等平台的增速放缓,企业现在想要通过公域流量获得一个新客,通常需要比前几年付出更多成本。

另外,日趋严重的同质化竞争,让企业很难通过上调价格摊薄成本,这导致获客难度愈增。公域流量池就好比一条居民人数固定的街道,从前街道上只有几家店,每一家店的生意都很兴隆,而现在街道上开了几十家店,居民人数却没有增加,每家店自然更难赚钱了。再加上消费者的习惯也发生了改变。以前人们看文章、视频等,大多有什么看什么,但随着内容逐渐丰富,消费者不再什么内容都看,而是只看自己感兴趣的内容。这就意味着,如果企业输出的内容不够新奇或无法吸引消费者,那么消费者就不会在这上面投入太多关注。因此,做新媒体营销绝对不能浮于表面,而应该输出符合互联网传播特点和消费者喜好的内容。

上述原因都让获取公域流量越来越难,在这种情况下,企业想要提升品牌竞争力,最迫切的事就是将公域流量沉淀到私域中。

1. 搭建私域流量池吸引消费者

企业可以通过微信小程序、公众号、微信群等形式建立私域流量池,然后通过社交流量、线上流量、线下流量、商业流量四大触点实现全域获客。

(1) 社交流量指的是通过社交关系获取的流量,包括拼团、砍价、分销、导购等渠道。拼团、砍价、分销主要通过利益激励消费者进行社交裂变传播，为企业带来更多新消费者和订单；而导购通过社交与消费者建立关系，从而提升到店消费者的转化率。

（2）线上流量指的是企业通过网络进行广泛营销而获取的流量。企业可以通过公众号内容推送、微信卡券投放、小程序浮窗、直播等入口触达消费者，与他们产生连接。

作为专注研发玻尿酸护肤的国货品牌，颐莲以微博为主阵地，利用其公私域流量提升品牌知名度和影响力。在官方微博的日常运营工作中，颐莲一改过去单一的日常问候和商业宣传，强化运营排期，增加了品牌联动、表情包互动等方面的内容，并结合节日、季节与旅游热点等要素宣传品牌产品。例如，颐莲与国货品牌雅客食品开展合作宣传，在5月20日参与微博官方话题"520坦白局吖"及在换季期间发起"护肤分享"话题等。

通过对微博平台的最大化利用，颐莲加强了自身与消费者之间的互动，官方微博粉丝数量不断上升，品牌认知度得到充分提升。

鸿星尔克通过线上直播、输出极具吸引力的内容，以及各类媒体的支持和帮助，收揽了大量线上流量。而这些线上流量也带动了线下渠道的销售业绩，可谓一石二鸟。

（3）线下流量指的是企业通过线下服务获取的流量。门店、海报、互动大屏、"一物一码"等都可以是私域流量的入口，可实现产品与消费者之间的数字化连接。鸿星尔克在大多数"星创店"店面的最上方安装了互动大屏，这样不仅可以吸引大批消费者打卡留念，还有利于促进店内销售业绩的进一步提升，如图1-3所示。

图 1-3 "星创店"店面的互动大屏

（4）商业流量指的是企业通过付费广告、KOL（Key Opinion Leader，关键意见领袖）、IP 打造等获取的流量。这些流量较为精准，是私域流量池中的优质流量，企业需要重点维护。例如，现在很多企业都致力于打造创始人或管理者的个人 IP，制定双品牌战略，从深层次为销售业绩增长赋能。

鸿星尔克总裁吴荣照曾经在鸿星尔克官方直播间亮相，向广大消费者展现自己朴实、亲切的一面，再有他之前捐款所塑造的爱国形象的加成，吸引了一大批消费者进入直播间购买自己需要的产品。与此同时，他的个人 IP 也得到了进一步深化。

2. 通过社群深层触达，增强消费者黏性

社群正在成为企业与消费者沟通的重要阵地之一。小米为"米粉"打造了小米之家，蔚来打造了与消费者共同成长的交流中心

等，这些都是通过社群触达消费者，增强消费者黏性的经典案例。

建立社群也是鸿星尔克正在做的事，"青年共创计划"就是其中的一种形式。有了"青年共创计划"，消费者可以参与品牌建设、产品研发、服务升级、售后反馈等环节，从而与鸿星尔克建立更紧密的联系。

2022年3月初，鸿星尔克举办了"青年共创设计大赛"，意在吸引更多年轻粉丝，汲取创新力量，将其沉淀为私域流量。鸿星尔克还会定期或不定期地根据自己的运动属性举办一些面向消费者的乐跑活动和新品体验活动。这样不仅能够提升产品质量，还可以让品牌与消费者更深入地融合在一起，实现以消费者为导向的私域流量运营。

传统品牌的流量焕新之路不是一蹴而就的，而需要长期坚持。鸿星尔克以良好的爱国形象进入消费者视野，这是其流量焕新的第一步。接下来，搭建私域流量池，通过社群与当下主流消费群体接轨，是鸿星尔克必须重点关注的任务。至于效果如何，我们拭目以待。

1.2 从产品到消费者

随着产业结构的不断完善及物流行业的发展，人们的物质生活极大丰富，即使从前非常烦琐的"海淘"现在也可以轻易实现。在这样的背景下，营销逐渐从关注产品转向关注消费者，品牌开始思考如何提供更优质、便捷的服务，从而与消费者建立长久关系。

1.2.1　4P 理论：树立良好的品牌形象

1960 年，知名营销专家杰罗姆·麦卡锡（Jerome McCarthy）教授在《基础营销》一书中提出了 4P 理论。他认为，营销关键点可以概括为 4 类：产品（Product）、价格（Price）、渠道（Place）、推广（Promotion）。即使到了今天，4P 理论依然是解决营销问题的实用工具。

1. 产品（Product）

产品是营销的根，没有好的产品，再优秀的营销方法也只是空中楼阁，无法真正长久地吸引消费者。企业在策划产品时，需要考虑产品是卖给谁的、有什么功能、能满足消费者哪些需求等问题。另外，还要考虑产品的差异化，思考如何进行产品线组合以适应市场竞争。

在产品方面，鸿星尔克从细分市场切入，制定"科技新国货"战略，并打造极克未来实验室，研发年轻人喜欢的新型科技运动产品。鸿星尔克在成立之初就将"科技领跑"作为一项重要的发展战略，并与科研单位合作，率先引进国际一流科技与生产标准。目前鸿星尔克已经建立起强大的产品研发中心，并自主研发了 GDS 减震系统、360 度空气循环系统等。

2. 价格（Price）

价格指的是消费者购买产品需要付出的代价或钱款，通常会受到需求、成本、竞争等因素的影响。鸿星尔克的产品价格大多为 100～600 元，走的是亲民的路线，适合大众消费。相对于国内其他服装品牌，鸿星尔克在价格方面是有一定竞争优势的。

为了迎合追求质量和个性、消费水平比较高的消费者需求，鸿星尔克也推出了中高端产品线。例如，一些与热门 IP 携手推出的联名产品，价格通常为 1000～1500 元（如图 1-4 所示）。当然，这是可以理解的，因为联名产品的设计成本、生产成本、营销成本等比

图 1-4 联名产品的价格截图

较高，所以价格会高一些。而这也很好地丰富了鸿星尔克的价格策略，提升了其竞争力。

3. 渠道（Place）

渠道选择是一个企业的战略问题，它将直接影响企业的销售决策和销售效果。鸿星尔克的一个重要优势就是渠道"够硬"。从线下渠道来看，鸿星尔克在全球范围内拥有近 6500 家门店，产品在欧洲、东南亚、中东、南美洲、北美洲、非洲等地区均有销售；从线上渠道来看，鸿星尔克开设了天猫旗舰店，并积极入局抖音、快

手、淘宝等直播带货新渠道。

在供应链方面，鸿星尔克希望可以实现上下游共赢，因此制订了以"做强县级，做优地级"为核心的渠道下沉方案。与此同时，鸿星尔克还在 2020 年拿出 5 亿元补贴经销商。这 5 亿元包括返还经销商现金 2 亿元，回收加盟客户一季度库存 1 亿元，释放免息贷款 1 亿元，支持经销商开店 1 亿元。完善的供应链战略让鸿星尔克从危机中找到了转机，开辟了更多有价值的渠道，也吸引了大量优秀的经销商，进一步提升了自身的地位和竞争力。

另外，鸿星尔克实施库存一体化战略，通过人工智能、大数据、物联网等技术对产品的存储、调拨、运输等环节进行自动化管理。与此同时，鸿星尔克打造了可以连接各业务模块的智能中台系统，实现了针对消费者的精准产品推荐和配送。

4. 推广（Promotion）

很多人将 Promotion 简单地理解为"促销"，这是非常片面的。对于 Promotion，一个更准确的解释是"推广"，即包括广告、公关、促销等在内的一系列宣传活动。新时代的消费者热衷于聊微信、刷抖音、看今日头条等，企业的推广要渗透这些平台。

鸿星尔克在抖音已经建立了多个官方账号宣传产品和品牌，近 10 个账号的粉丝量达到百万级别，而总裁吴荣照的个人账号更是吸引了近千万粉丝的关注。值得一提的是，鸿星尔克旗下的账号"疯狂下属"借助优质的内容和一系列有趣的剧情和互动，收获了超百万粉丝，加深了鸿星尔克在消费者心中的印象。

在"疯狂下属"的评论区里，经常会出现一些知名品牌的身影，包括鸿星尔克自己、豆本豆、蜂花、中国邮政等（如图1-5所示）。这些品牌与"疯狂下属"的亲密互动，使"疯狂下属"的热度再上一层楼。当然，鸿星尔克也因此获得了更多曝光。

鸿星尔克明确市场定位，通过创新产品、完善价格体系、实施线上与线下联合渠道策略、适当补贴经销商、优化推广方案等方式发挥品牌优势，进一步提升竞争力，实现可持续发展。

图1-5 "疯狂下属"评论区

1.2.2 4C理论：从关注产品到关注消费者

1990年，美国营销专家罗伯特·劳特朋（Robert Lauterborn）提出了4C理论。他以消费者需求为导向，在经典的4P理论的基础上，重新设计了营销的4个基本元素，即消费者（Consumer）、成本（Cost）、便利（Convenience）及沟通（Communication）。

1. 消费者（Consumer）

4C理论从消费者视角入手，强调消费者的真实需求，即企业应该围绕消费者来设计产品和服务。鸿星尔克在消费者的建议下推出"星创店",店内的陈设极具个性,几乎囊括了鸿星尔克的当红产品,包括奇弹系列产品及与众多热门 IP 联名的产品。设计这些产品的设计师都深受消费者喜爱,而且设计师的创意、灵感、线稿等也融合了消费者的想法。因此,这些产品可以很好地贴合消费者的需求和喜好,一经上市便火爆全网。

为了更深入地触达消费者,让产品拥有新的文化元素,鸿星尔克面向所有群体,通过线上征集的方式寻找优秀的青年设计师。这些设计师本身就是鸿星尔克的忠实粉丝,他们可以充分了解消费者,推出更符合市场发展趋势的产品,从而进一步增强消费者的黏性。

鸿星尔克从企业独创转型为与消费者共创,给予消费者很强的参与感,生产真正受消费者欢迎的产品。这让消费者的创意、想法被挖掘和实现,国货制造的发展模式也有了更多可能性。之前非常火爆的由河南博物院与鸿星尔克合作推出的"星河璀璨"系列产品就是从网友的创意互动中"碰撞"而来的,该产品的销售业绩可圈可点。

2. 成本(Cost)

4C 理论所说的成本,并不是传统意义上的财务成本,而是消费者为了购买产品愿意付出的成本。具体来说,它主要强调以下两个关键点。

(1)从产品的价格来看,低于心理预期的价格一直是吸引消费者的"利器"。因此，产品最理想的价格是既低于消费者心理预期，又能让企业盈利的价格。鸿星尔克走平价路线，希望满足消费者物美价廉的需求，是极具性价比的良心国货品牌。

（2）消费者在产品或服务上花费的成本，不仅指货币成本，还包括购买产品或服务花费的时间、精力及使用后可能承担的风险等。因此，企业在成本这个因素上的最终追求是让消费者购买产品的总成本最低。

3. 便利（Convenience）

便利指的是为消费者提供最大化的购物便利和使用便利。这要求企业在销售产品时把为消费者提供方便放在第一位，包括将产品投放在消费者经常使用的渠道，发布便于消费者理解的推广信息等，让消费者在售前、售中和售后都能感受到方便。

4. 沟通（Communication）

4C理论中的"沟通"强调企业与消费者应该保持双向沟通，通过建立更紧密的信任关系，让消费者自发地购买产品或服务。为什么沟通如此重要？原因就是：在移动电商时代，企业只有了解消费者，才能与消费者精准互动；只有与消费者精准互动，才能激发消费者的分享欲望；而消费者分享产品又可以带来新的销售机会，这是一个完整的闭环体系。

4C理论不仅是一门科学，更是一门艺术。其实，要想真正践行并落实4C理论，是需要灵感的。不过在获得灵感之前，企业需要深刻理解 4C 理论的本质，熟练掌握其应用方法，并不断进行思维训练，积累足够的知识和经验。

1.2.3　4E 理论：丰富消费模式与场景

资深营销企业亿玛在线依靠多年的营销经验和对新营销时代的深入理解与敏锐洞察，提出"114"营销理论。亿玛在线认为，在新营销时代，企业要做到 1 个核心、1 个基础、4 个 E，即以人为核心，以数字化为基础，实现场景化（Scene）、体验化（Experience）、效率化（Efficient）、效益最优化（Earning），将消费者、场景、产品连接在一起。

1. 场景化（Scene）

企业应该创造更丰富的销售场景，调动消费者的五感，使消费者沉浸到销售场景中，从而实现高效转化。以往企业通过线下门店或线上电商等渠道销售，销售场景单一，白白错失了很多与消费者互动的机会。在新零售时代，大数据所构建的消费者画像更完整，由此诞生了很多新销售场景，包括内容电商、直播等，让消费者实现在场景中随心互动、随心购买。

当然，企业也可以另辟蹊径，丰富线下场景，变革门店模式，让门店成为互动阵地。鸿星尔克通过"星创店"将线上线下销售渠道打通，让消费者感受场景联动的消费体验。

"星创店"可以为消费者提供跑步、生活、综合训练等各种场景下的产品和一站式服务。在每个城市的"星创店"开业时,到店内打卡的人络绎不绝,客流量非常大(如图1-6到图1-8所示)。从这个角度来看,新鲜、有趣的门店有先天优势,也符合年轻人的喜好。

图1-6 鸿星尔克"星创店"开业的火爆场面一

图1-7 鸿星尔克"星创店"开业的火爆场面二

图 1-8 鸿星尔克"星创店"开业的火爆场面三

2. 体验化（Experience）

生活水平提升带动消费变革，消费者对更具体验性的产品的需求与日俱增，好的体验将成为消费者做出购买决策的决定性因素之一。很多时候，购物流程看似大同小异，但实际体验相差很多。产品距离远近、门店灯光明暗、下单操作难易程度等，都可能成为消费者接受或拒绝一个品牌的产品的理由。有些企业经常抱怨产品销售不出去，生意不好做，企业不妨反思一下自己是不是将体验做到了极致，是不是真的为消费者着想了。

鸿星尔克的门店会放置各种发光标牌、LED 标识灯箱等，目的是为进店的消费者打造一个明亮、舒适的购物环境，同时向消费者强调产品的特质和优势。在明亮与黑暗交错的购物环境中，消费者可以很容易注意到灯光下的产品，也能更直观地感受产品的颜值。再加上导购员的详细介绍和贴心服务，消费者将获得一次优质的消费体验。

3. 效率化（Efficient）

未来，营销的边界将变得更为广阔，手机、可穿戴设备、电子游戏等都可以成为营销的触点。因此，人、货、场三者之间的运转效率将进一步提升，人们可以随时随地处于消费场景中，并通过便捷的购买渠道购买产品，实现所见即所得。

4. 效益最优化（Earning）

以前企业追求的是企业单方面的获益或企业和消费者两者间的狭义共赢，现在企业追求的是企业、消费者、供应商及整个商业生态链上所有参与者的效益最优化。如果说4P理论以产品为导向，4C理论以消费者为导向，4E理论则以共赢为导向，即精准连接消费者、场景和产品，实现效益最优化。

1.3 品牌进阶之路

很多传统品牌都是从物质短缺的时代闯出来的，大多经历过"野蛮生长"时期。这导致很多传统品牌因为历史遗留问题存在品牌定位不清晰、品牌形象不明确、品牌价值观空泛化等问题。加之这些品牌重卖货轻沟通，又不擅长使用互联网营销手段，于是逐渐在新零售时代落伍。传统品牌想要重新焕发活力，走向进阶之路，必须调整营销策略，加强品牌的认知培养及个性化建设，适应互联网时代的营销打法。

1.3.1　调整营销发力点，转向新媒体

随着微博、微信、抖音、快手、小红书等新媒体的出现，各种营销模式层出不穷。相较于传统媒体，新媒体极大地丰富了营销场景，而且具备交互性特征，不仅可以单向传播内容，还可以实现品牌和消费者的双向互动，使品牌与消费者的交流更及时、顺畅、深入。

企业要想在新媒体环境中发展和生存，不能再"走老路子"，而要积极创新，调整发力点，从传统媒体转向新媒体，以满足消费者的需求和适应消费者的消费习惯。另外，由于消费者在选择产品时通常对有着正面形象的品牌更有好感，因此企业不能做出短期逐利行为，降低品牌格调，而要着眼于长远利益，强化社会责任意识，打造正面形象，这样才可以形成独特的品牌定位。

在新媒体时代，微博、微信、抖音、快手、小红书等都是很重要的宣传平台，很多企业都在这些平台上开设了自己的官方账号。这些平台本身具备传播速度快、传播范围广等优势，是企业将营销发力点转移到新媒体上，从而引爆消费者情绪的重要阵地。

2021年7月，河南特大暴雨受到广泛关注，牵动万千网友的心，热衷公益事业的企业纷纷捐赠善款和物资，其中就包括鸿星尔

克。当时鸿星尔克的净利润处于亏损状态，但鸿星尔克仍然果断地捐助了5000万元物资，点燃了人们的爱国之心和公益热情。

鸿星尔克的"倾小家为大家"精神感动了很多网友，他们纷纷评论和转发相关微博，把鸿星尔克"送"上了微博热搜榜第一名，并表示"一定要支持这种良心企业"。有了他们的关注，鸿星尔克再一次进入大众视野，并以亲民的价格和一如既往的质量吸引了一批新粉丝。

除了网友，一些名人也加入宣传鸿星尔克的队伍中，自发地选择了鸿星尔克的产品，并将其发布到微博上。例如，小米创始人雷军在微博上晒出自己穿着鸿星尔克跑鞋晨练的照片，如图1-9所示；歌手胡彦斌发布了自己购买鸿星尔克产品的订单截图，并配文"国货有精神，国货有担当！支持！"，如图1-10所示。

图 1-9　雷军微博　　　　图 1-10　胡彦斌微博

雷军和胡彦斌自发地为鸿星尔克当起了免费"明星代言人",越来越多消费者因此发现了鸿星尔克这个"宝藏品牌"。鸿星尔克也牢牢地抓住了重新崛起的机会,从同类服装品牌中脱颖而出,赢得了消费者的优先选择权,成功实现逆袭。

任何企业想进入一个新市场或推出一款新产品,首要任务是在传播过程中不断渗透相关信息,以强化消费者对品牌或产品的认可度,同时提升知名度。微博等平台依托新媒体时代崛起,可以很好地帮助企业推广产品、展示品牌理念、传播产品资讯、强化口碑,从而实现信息裂变式传播,让企业再次成为消费者关注的焦点。

在新媒体时代,无论哪种类型的企业,都要抛弃固有、老套的营销思维,掌握营销变革趋势,紧跟数字化发展浪潮,学习利用新媒体向消费者传递内容。另外,掌握如何设计互动性广告,为消费者带来更多惊喜,对实现长远稳定发展同样很重要。

1.3.2 从组织生产转向消费者生产

起初企业通过大众传播渠道向消费者传播与产品或品牌相关的内容,随着新媒体时代的到来,消费者不再只是内容的被动接收者,同时也是内容的生产者和传播者。相较于企业单方面生产内容,消费者生产内容无论在体量上还是在传播规模上都有更好的效果。

因此,企业要学会搭建内容生态,让消费者积极主动地对内容进行二次创作,从而扩大品牌影响力。搭建内容生态通常分为以下几个步骤,如图 1-11 所示。

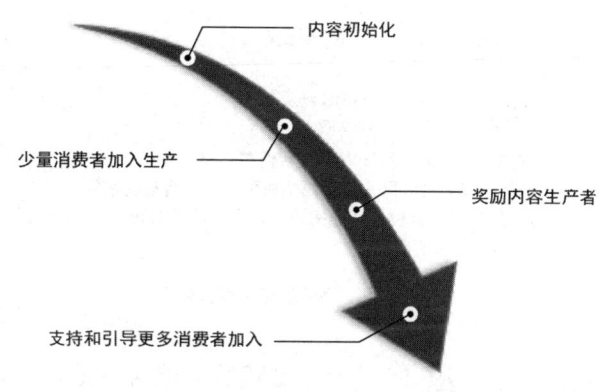

图 1-11　搭建内容生态的 4 个步骤

1. 内容初始化

一个全新的内容生态起初没有任何东西，需要企业先往里面填充一些内容，从而吸引消费者的注意。企业填充的内容最好符合目标群体的喜好，而且要最大化地激发他们的情绪价值，这样他们才会有传播的动力。

2021 年，鸿星尔克在亏损的情况下仍然为河南捐赠了物资和善款，瞬间在消费者心中树立起良好的品牌形象。在该事件引爆全网后，很多企业都在思考：鸿星尔克究竟做对了什么？这个问题其实没有标准答案，因为鸿星尔克认为自己所做的不过是一件很普通的事，但没有想到可以有如此大的传播力。幸运的是，鸿星尔克借助丰富的经验和过硬的营销能力，完美地接住了流量，打造了一个教科书级的营销案例。

起初鸿星尔克只是在微博上发了一份捐款公告（如图 1-12 所示），但这样一份内容，引爆了网友的情绪价值，大家十分心疼这个自己已处于亏损状态却还心系河南的企业。

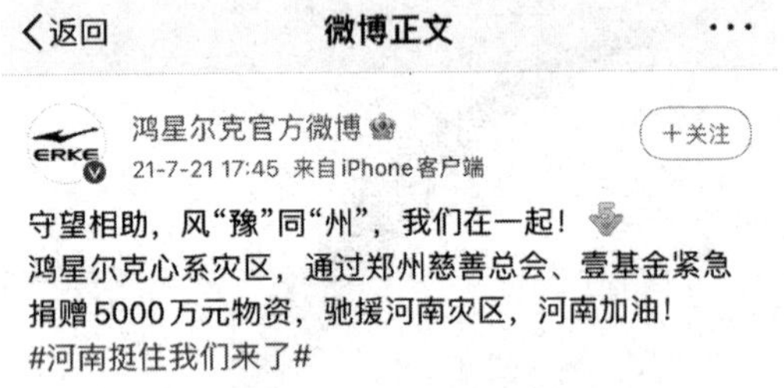

> 微博正文
>
> 鸿星尔克官方微博
> 21-7-21 17:45 来自iPhone客户端
>
> 守望相助，风"豫"同"州"，我们在一起！
> 鸿星尔克心系灾区，通过郑州慈善总会、壹基金紧急捐赠5000万元物资，驰援河南灾区，河南加油！
> #河南挺住我们来了#

图1-12　鸿星尔克捐款公告

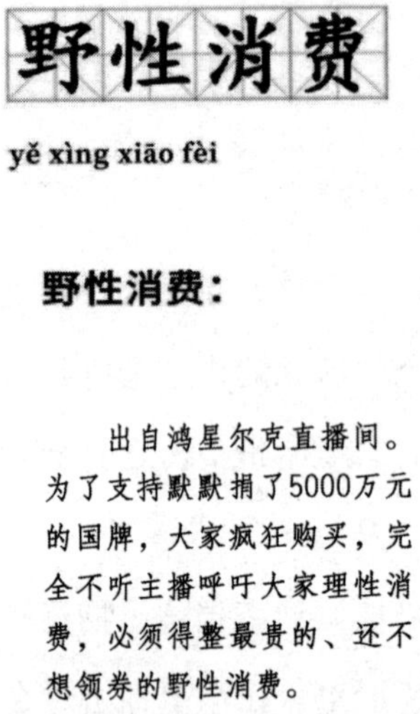

野性消费
yě xìng xiāo fèi

野性消费：

出自鸿星尔克直播间。为了支持默默捐了5000万元的国牌，大家疯狂购买，完全不听主播呼吁大家理性消费，必须得整最贵的、还不想领券的野性消费。

图1-13　野性消费（鸿星尔克式消费）

随后网友自发地在直播间和社交平台上造"梗"，这些"梗"迅速在全网实现爆炸式传播。现在非常热门的一个词"野性消费"（如图1-13所示）就出自鸿星尔克直播间。一时间，微信、微博、抖音、快手、小红书等平台上都充斥着与鸿星尔克相关的内容，而这些内容也成为国产运动品牌鸿星尔克出圈的生动"注脚"。

2. 少量消费者加入生产

输出了能够引爆消费者情绪价值的内容，要想吸引消费者主动创作内容，还应该有一些可以生产优质内容的人作为"领头羊"，这些人就是消费者中的KOL。他们有一定的粉丝基础，对某些群体的购买决策有较大影响力，可以为企业提供支持。

鸿星尔克曾经在微博上发起"国货这一代"话题，很多当红 KOL，如"老少女的日常""阿柳没空""七野 Beck""陈海诺 Leo""周小仙 yoo"等都对鸿星尔克的产品称赞不绝，输出了很多介绍产品的优质内容。通过他们发布的内容，越来越多年轻人了解了鸿星尔克，对鸿星尔克的品牌价值也产生了认同感，并主动在朋友圈、小红书等平台上发布相关内容。

3. 奖励内容生产者

要想让消费者长期活跃并贡献更多内容，企业就需要为他们制造一些动因，如提供物质奖励。很多企业都有晒买家秀返现或分享产品获得抽奖资格等活动。其实这些都是鼓励消费者创作内容的有效措施。消费者将自己使用产品的心得体会编辑成文字内容或图片内容发布到社交平台上，既可以获得优惠，又能帮助企业做宣传，可谓一举两得。

4. 支持和引导更多消费者加入

企业需要持续输出内容，不断引导消费者向外输出、传播内容，以吸引更多消费者加入内容生产队伍，形成良性循环。企业可以在内容中加入引导性描述，引导消费者进行内容生产，例如，在微博首页置顶话题中让人们分享产品使用感受等。

善于借助内容制造话题，并充分利用话题，是企业必备的营销技能。企业可以打造一些 KOL 或者和 KOL 合作，让其作为"领头羊"带动消费者生产更多和更优质的内容。久而久之，企业的内容生态将更完善，从而在营销和品牌形象优化等方面获得更多帮助。

1.3.3 从线性传播转向病毒式传播

传统传播模式是一种线性传播模式,即传播者通过特定媒介向受众传递信息,受众无法与传播者互动,传播者也无法知晓受众对传播内容的接受程度及看法。到了新媒体时代,传播具备了大众传播和人际传播的双重特征,换言之,如果内容足够优质、足够有吸引力,那么就会产生强大的裂变效应,在短时间内实现大规模的病毒式传播。

病毒式传播是互联网营销中一种独特手段,受到了很多企业的青睐。病毒式传播通过提供有价值的产品或服务,利用群体之间的传播,让消费者建立起对产品或服务的认知,实现"营销杠杆"的作用。2022年11月,鸿星尔克发布了一条抽奖微博,表示要用百万奖金寻找上海跑马英雄,并强调要从关注账号并转发微博的网友中抽取3人赠送绝尘系列产品——绝尘pro(如图1-14所示)。这条微博被网友疯狂转发。

图1-14 鸿星尔克的抽奖微博

鸿星尔克的这条微博，可以让我们了解病毒式传播的几个特点。

1. 性价比高

鸿星尔克以百万奖金和绝尘 pro 产品为利益锚点，轻松引爆了热度。虽然奖金和产品加起来价格不菲，是一笔比较大的费用，但可以提升鸿星尔克的曝光度，为其带来更多流量。因此从整体上来看，这是一笔很划算的生意。

2. 速度快，传播范围广

在互联网时代，信息传播的速度是非常快的，一个随手的点赞和转发，就能大幅度提升信息曝光率。试想，如果每个人都主动在自己的社交账号上传播企业的营销信息，那么企业可能马上就能冲上微博热搜榜，其产品也可以实现全网皆知。

3. 时效短，更新快

病毒式传播最大的弊端就是时效短，例如，鸿星尔克的抽奖微博是为上海全马特定活动设置的，只在活动期间有比较高的热度，过期就会失效。网络上，每天产生的信息量巨大，网友参与很多话题往往是一时兴起，难以对某一话题进行长期关注。因此，病毒式传播往往只要能引起一时的轰动效应，就算很成功了。

病毒式传播性价比高、效果好、传播速度快，却不容易成功，因为引爆点并不好找。要找到引爆点，企业需要从以下方面入手。

1. 提供有价值的产品和服务

表明利益是最直接的病毒式传播的引爆点，大多数人对一些简单的、免费的活动都很难抗拒，更何况一个能带来巨大收益的活动。例如，网友只要关注鸿星尔克的官方微博并转发那条抽奖微博，就有可能免费获得产品，而网友如果参加上海全马，还有机会获得百万奖金。网友即使知道自己很难成为幸运儿，但依然忍不住凑热闹。一个能成为爆点的产品和服务，不仅具有实用性，还要噱头十足，满足人们猎奇、看热闹的心理。

2. 关注人们的内心情感

现在人们的精神压力比较大，需要情绪宣泄的出口。当时大量网友疯狂涌入鸿星尔克直播间下单购物大多基于情感的需求，而非理性的逻辑。鸿星尔克积极捐款，触动了人们的内心，激发了人们的积极情绪，获得了非常不错的销售业绩。

3. 输出简单、利于传播的内容

互联网营销提供了很多传播工具和平台，这些工具和平台大多以文字和视频为载体。而企业想让文字和视频得以广泛传播，就要让它们变得新颖、简单、便于记忆和复制，这样才能引发跟风效应。

4. 潜移默化地激发正义心理

能让公众产生积极性的除了利益，还有公益。2022 年 7 月，在一场公益晚会中，鸿星尔克宣布为福建省残疾人福利基金会捐赠总价值为 1 亿元的物资和钱款，希望为残疾人及其家庭改善生活质量。此事件一出，鸿星尔克迅速成为舆论焦点，并以"鸿星尔克再捐 1 个亿"的话题登上了微博热搜榜第一名，收获了一批新粉丝，如图 1-15 所示。

图 1-15　鸿星尔克登上微博热搜榜第一名

病毒式传播是企业与消费者之间的一场心理战和情绪战。只有把握消费者的心理和情绪，让他们觉得传播这些营销内容值得和有意思，企业才能做好营销。

第2章

消费者定位：
找到企业的生态圈

现在，对自己的产品有信心的企业不少，了解消费者且知道"把产品卖给谁"的企业却凤毛麟角。其实在品牌战略中，消费者定位是非常重要的环节。如果将市场比喻成一片草原，那么企业就像草原上的动物。它要想活下来，必须通过定位找到自己的猎物（消费者）和天敌（竞争对手），否则终有一天，它会遗憾地倒在自己赖以生存的草原上。

2.1 STP 理论：完善定位战略

1956 年，美国营销专家温德尔·史密斯（Wendell Smith）提出了市场细分概念，随后菲利浦·科特勒（Philip Kotler）完善此概念最终形成 STP 理论。根据 STP 理论，企业在营销过程中要先进行市场细分，找到与自己匹配的重点受众，然后想办法在他们心中建立优势地位，创造独一无二的价值。

2.1.1 市场细分（S）：迅速找到匹配的受众

现在已经进入互联网营销的下半场，市场群雄并立，很多企业拼尽全力，也无法在激烈的竞争中找到一丝生机。究竟为什么会这样？相信很多营销者都不止一次地思考过这个问题。其实我认为，一个很重要的原因是企业没有做好市场细分，不知道产品匹配的受众是谁，也不知道他们在哪里，自然就无法"对症下药"。

市场细分最早由美国市场学家史密斯于 1956 年提出，是指企业按照一定的标准，将受众细分成若干个受众群体的过程。被细分出的受众群体构成细分市场，处于同一个细分市场的受众群体往往具备相似的需求与特征。

企业有多种方法和维度可以对市场进行细分，如表 2-1 所示。

表 2-1　市场细分方法和细分维度

细分方法	细分维度
地理细分	地理位置、城市、社群、地貌、气候等
人口统计细分	性别、年龄、生命周期阶段、职业、收入、受教育情况等
心理细分	社会阶层、生活习惯、性格、购买动机、态度、价值观等
行为细分	利益、忠诚度、购买频率、购买时间、消费习惯等

1. 地理细分

地理细分是指根据消费者所处的地理位置细分市场，例如，按照城市对消费者进行细分。企业可以根据城市的发展水平将城市细分为一线城市、二线城市、三线城市等。不同线级城市的消费者，在需求和消费偏好方面存在比较大的差异。

2. 人口统计细分

人口统计细分是指根据消费者的性别、年龄、生命周期阶段、职业、收入、受教育情况等维度对市场进行细分。例如，小红书将 25 ～ 35 岁的中高收入职场白领女性群体确定为主要市场；将 15 ～ 25 岁的收入较低的女性学生群体、35 ～ 45 岁的经济独立的宝妈群体等确定为旁系细分市场。这样，小红书在制订营销方案或广告投放策略时就可以做到有的放矢。

3. 心理细分

"下沉市场中的小镇青年""广场舞大妈""文艺骨干""佛系群

体""二次元少女"等有着不同的社会阶层、生活习惯、价值观。如果企业的目标受众是"二次元少女",那么设计师在设计产品时就要以她们的需求和偏好为主。当然,为了进一步吸引她们的注意力,企业不妨与二次元 IP 跨界合作,争取达到"1＋1＞2"的效果。

4. 行为细分

行为细分即从利益、忠诚度、购买频率、购买时间、消费习惯等维度细分市场。以鸿星尔克为例,现在有完全没听说过该品牌的消费者;有听说过该品牌,也体验过、购买过该品牌产品的消费者;有重度沉迷该品牌的粉丝型消费者等。对于这些不同类型的消费者,鸿星尔克必须采取不同营销方案,以便更精准地吸粉、固粉。

市场细分的方法和维度多种多样,但不是所有方法和维度都是有意义的。有些企业因为选择了错误的方法或维度,导致细分出来的市场是无效的。为了避免这种情况,企业需要对市场细分的有效性进行识别和判断。通常有效的市场细分应该具备以下特征,如图 2-1 所示。

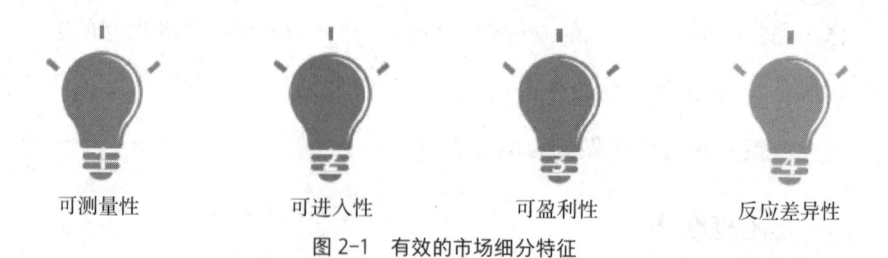

可测量性　　可进入性　　可盈利性　　反应差异性

图 2-1　有效的市场细分特征

1. 可测量性

细分市场的标准应该是容易测量的，否则会导致细分市场难以界定。客观标准，如年龄、性别、地理位置、收入等，都是容易确定的，与其相关的数据也不难获取。但主观标准，如性格、价值观、忠诚度等，就不容易界定。因为企业几乎无法判断消费者是理性的还是感性的，又或者可能二者兼具。所以企业要谨慎对待主观标准。

2. 可进入性

企业必须有进入细分市场并接触受众的机会，这样才可以输出并销售产品。企业需要通过相应的媒介将产品传递给细分市场中的目标受众，也需要让自己的产品通过营销渠道触达目标受众，让产品在细分市场中发挥盈利价值。

3. 可盈利性

细分市场的规模或盈利空间要足够大。例如，企业研发一款专门让体重超过100kg的消费者穿的外套，可能会因为市场规模太小而得不偿失。但如果企业研发科技跑鞋，虽然市场规模不大，但极具潜力的盈利空间可以弥补规模上的不足，所以值得去做。

4. 反应差异性

受众在接触企业提供的产品时，应该产生差异化反应。例如，某运动品牌将市场按照性别细分后，男性群体与女性群体对该品牌的运动鞋反应类似，那该品牌就不能把性别作为市场细分标准。因为男性群体和女性群体没有构成两个细分市场。只有两个细分市场的受众对相同产品产生的反应是不同的，市场细分标准才有效。

当企业走上了流量红毯，站在"聚光灯"下时，能否持续获得盈利且赢得消费者的持续支持，就要看企业自己细分市场及在细分市场中长期运营的能力了。现在每个细分市场都可以找到生意，即使老生意也可以重新做一遍，这将是企业在新消费时代突出重围的法宝。

2.1.2 目标市场选择（T）：只满足部分消费者的需求

STP理论的第二个环节是目标市场选择，即为产品选择目标市场。有了目标市场，企业可以更高效地利用当下和未来的营销资源，将营销资源专门聚焦于这个目标市场进行投放，最终为细分出来的消费者提供更多价值，更好地满足他们的需求。

在选择目标市场时，以下三个问题必须优先考虑。

问题一：你选择的目标市场有吸引力吗？

问题二：你在目标市场中有优势吗？

问题三：你的优势可以持续吗？

对于第一个问题，企业需要考虑目标市场的特征，具体可以从规模、增长速度、盈利性等方面判断。如果目标市场的规模比较大，增长速度非常快，盈利性很好，那么这个目标市场就是一个有吸引力的市场，值得企业投入更多资源去探索。

对于第二个问题，找到了有吸引力的目标市场，接下来就需要分析目标市场与企业的匹配度。这里有两个关键点：一是考虑目标市场的特征是否符合企业的战略定位和发展目标；二是分析目标市场能否支撑企业发挥自己之前积累的能力、资源、知名度等优势。

对于第三个问题，如果在目标市场中，企业的优势不可持续，那么就很容易受到竞争对手的影响。当企业和竞争对手瞄准了同一目标市场时，可以从竞争对手的优势、竞争强度、竞争对手的资源等方面做对比。一旦发现竞争对手有更明显的优势，而且竞争强度很大、竞争对手的资源也很丰富，企业就应该及时止损，不必再投入更多成本。

目标市场选择的核心是挑出符合企业需求的"战场"进行聚焦，并从中挖掘让企业获得持续增长的机会。有条件、有头脑的企业一定会想方设法挖掘机会，但在此过程中，企业尽量不要把"摊子"铺得过大、过多，因为这样做只会让自己越来越力不从心，甚至走向失败。

2.1.3 市场定位（P）：锁定重点受众

电影《阿甘正传》里有这样一段话："我不觉得人心智成熟的标志是越来越宽容，什么都可以接受。相反，我觉得那应该是一个逐渐剔除的过程。知道自己最重要的是什么，知道不重要的东西是什么。最后，做一个简单的人。"这段话其实也体现了市场定位的本质。

市场定位也叫竞争性定位或第一定位，其核心是做减法，抓关键的少数受众，借助他们的力量占领市场，并为跟随者建立一定的进入壁垒。做市场定位，关键在于了解真正能为企业带来价值和高回报的重点受众，但企业不能只关注他们的需求，还应该对更深层次的信息进行分析。

1. 画像及态度

人口学特征，如性别、年龄、所处城市、收入等，以及生活态度、价值观、品牌观等精神特征，可以立体、真实地还原受众，帮助企业制定更精准的营销方案。

鸿星尔克曾经对直播间的观众进行分析，结果发现从性别维度看，男性观众要多于女性观众；从年龄维度看，25～35岁的观众占比最大；从城市维度看，来自郑州、西安、上海、北京的观众占比较大。根据分析结果，鸿星尔克明确了直播间的受众，然后按照他们的需求和偏好为他们推荐产品或设计优惠活动。

2. 社交特征

通过了解受众平时偏爱的社交渠道、沟通方式或内容、互动行为等情况，帮助企业找到最有效的营销渠道和传播策略。

3. 产品使用行为

企业应该了解受众使用产品的场景、对产品的需求、使用产品的次数和频率，并分析产品有没有满足他们的需求和解决他们的痛点。这样有利于企业发现自己的产品在产品力上与竞争对手存在的差距，从而提炼出产品的优势和核心卖点。

4. 品牌态度

受众对品牌的认可度、喜爱度、形象感知等都可以帮助企业了解自己在品牌方面与竞争对手的差距，并从中提炼出品牌利益点。

上述要素可以作为市场定位的指导思路，引领企业紧紧围绕市场定位深入发展，为消费者带来更好的产品使用体验。但市场无时无刻不在变化，企业需要通过不断变革来保持竞争力，而市场再定位就是实现变革的一个非常不错的途径。

市场再定位通常有以下两种可能出现的情况。

其一，之前的市场定位有错，也许是找错了受众，也许是没有挖掘到更核心的需求，又或者是做了不正确的决策，导致后续销售情况与预期差距过大。2008年，鸿星尔克因为对出货量预计过高、扩张速度太猛而面临严重的库存问题。后来鸿星尔克调整战略，通过渗透到县级、地级区域的方式，在下沉市场中赢得了份额，成为运动领域的佼佼者。

其二，竞争环境发生变化，竞品和成长强劲的新品牌不断涌现，影响了企业原有的优势和竞争力。此时企业如果不重新进行市场定位，那么将会处于被动地位。

市场定位不能想当然，而要深入受众，了解他们的需求。STP理论虽然是指导市场定位的工具，但最后的输出结果仍然需要反复验证。而且该理论并不适合市场定位已经非常明确的企业，而是为需要开发新市场和进行市场再定位的企业提供帮助的。

2.2 消费者画像：聚焦消费者的动机和行为

消费者画像是一种能够帮助企业准确识别目标群体的工具。大数据时代，消费者的信息充斥着互联网的每一个角落，这也为消费者画像的野蛮生长提供了土壤。绘制消费者画像，主要是指将消费者相关信息进行抽象化、标签化处理，使企业更深入地了解消费者，从而实现消费者细分，为不同消费者提供个性化产品和服务。

2.2.1 消费者画像与PERSONAL八要素

消费者画像是消费者的虚拟代表，可以体现企业的目标与主要受众。绘制消费者画像需注意PERSONAL八个要素。

P指的是基本性（Primary）：消费者画像对消费者的特征进行概括与总结，如年龄、收入、职业等。绘制消费者画像要抓住核心特征，不在细枝末节的信息上浪费过多时间。

E指的是经济性（Economic）：绘制消费者画像要以提升经济效益为出发点和落脚点。

R指的是真实性（Realistic）：消费者画像要基于消费者的真实信息和数据绘制。

S 指的是独特性（Singular）：企业要从产品和自身实际情况出发绘制消费者画像。

O 指的是目标性（Objectives）：消费者画像的最终目的是服务于产品，帮助企业提升产品的销量和曝光度。因此，绘制消费者画像要以产品为核心。

N 指的是数量性（Number）：在绘制消费者画像时，工作人员采集的数据要足够多，数据越多，消费者画像越精准，反之则参考价值较小。

A 指的是应用性（Applicable）：绘制消费者画像不仅能够辅助企业为不同消费者提供个性化服务，还能够帮助企业实现精准营销，也能够在新产品开发初期作为参考等。所以企业在绘制消费者画像时要注重其应用性，使其发挥出最大价值。

L 指的是长久性（Long）：消费者画像不是一个一次性工具，而是能在企业运营过程中反复使用的工具。企业要随着市场形势的变化，对消费者画像进行调整，使其持续发挥作用。

基于 PERSONAL 八要素，企业可以绘制精准、清晰的消费者画像，并进一步优化消费者体验，实现精准营销，提升决策效率。

2.2.2 消费者标签：充分理解目标群体

随着时代发展与消费升级，消费者的需求越来越受到企业重视，成为企业经营的关键。为了更好地吸引消费者，企业应该对消费者进行细分，而消费者标签就是一个实用工具。

1. 认识消费者标签

当你描述一个朋友或熟人时，往往会用"个子高""戴眼镜""长头发""爱吃甜食"等词语，这些都是你为对方贴的标签。通过标签，你可以准确地区分、记忆、描述一个人的具体特征。而在营销领域，消费者标签也可以抽象概括消费者的特征与信息。

目前消费者标签的作用十分广泛，如图2-2所示。

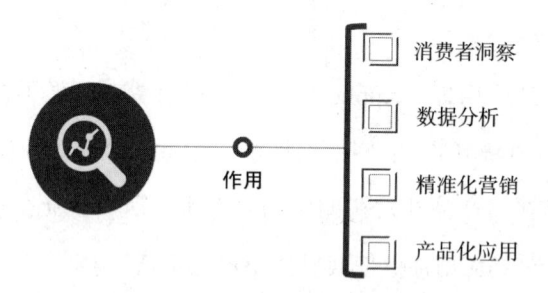

图 2-2 消费者标签的作用

（1）消费者洞察。消费者标签可以帮助企业了解受众，使企业更好地规划发展战略。企业的发展过程不仅环节众多，而且各环节都有许多参与者，其中难免会出现矛盾或分歧，导致决策效率降低，最终影响工作推进速度。消费者标签能帮助企业洞察消费者，使所有决策参与者都站在统一的方向上进行讨论，从而大大提升决策效率。

（2）数据分析。消费者标签可以丰富企业对消费者进行数据分析的维度，进一步加强数据管理。

（3）精准化营销。消费者标签能使企业更好地实施个性化、差异化战略，使营销效果得到提升。

（4）产品化应用。消费者标签能在产品设计与研发等方面发挥作用，提升企业的产品力。

2. 搭建消费者标签体系

消费者标签体系的搭建离不开丰富的消费者数据。从基础方面来看，消费者数据包括性别、年龄、职业、收入、地区、设备、会员、等级等；从行为方面来看，消费者数据包括访问渠道、访问频次与时长、浏览内容、关注、收藏、评价、分享等；从消费方面来看，消费者数据包括消费金额、日期、频次、品类、品牌、地区、支付情况、售后情况等。

上述数据将消费者标签细分为以下四类，如图 2-3 所示。

图 2-3 消费者标签分类

第一，属性标签是指从消费者的基础数据中直接提取的标签，如性别、地区、职业等。由于属性标签有宽泛性、大众性等特征，因此在具体的应用场景中，它往往需要与其他类型的标签结合起来使用。

第二，统计标签是指对消费者数据进行分类后，再根据一定的标准对其进行统计分组，从而直接体现消费者特征。例如，消费金额为 3 万元、消费活跃时间为最近 5 天内、消费次数为 1 次等，就是根据消费者数据总结出的消费者特征。在实际应用过程中，统计标签往往是直接建立的，而且多会在验证分析后演变为模型标签。

第三，模型标签是指抽象化的消费者数据，如多次购买相关设备的摄影爱好者、数码爱好者、绘画爱好者；消费水平较高的奢侈品忠实粉丝等。模型标签大多与产品的特征相结合，通过数据分析更直观地体现消费者的消费习惯和消费偏好。

第四，预测标签是指基于消费者数据对消费者的消费行为等进行预测，如母婴用品潜在消费者、流失风险较高的消费者等。预测标签是通过算法模型建立起来的，通常需要大量数据的积累。

从业务视角出发，消费者标签体系还包括四个维度：生命周期标签，如忠实消费者、首购消费者等；消费者价值标签，如高价值消费者、低价值消费者等；活跃特征标签，如夜间活跃消费者、促销活动活跃消费者等；消费者偏好标签，如鞋服或手机消费者等。

消费者标签体系能够实现严谨、精密的消费者分析，深入挖掘营销的优化方向，帮助企业进一步提升营销效果，持续赋能品牌发展。另外，消费者标签体系还可以推动营销方案的实施与落地，提升销售转化效率及产品附加值。

不管是尚处于起步阶段的中小微企业，还是数据经验丰富的大型企业，都要重视不同消费者的不同需求，并想方设法通过个性化营销方案满足这些需求。只有这样，企业才能推出更优质的产品与服务，赚取更丰厚的利润。

2.2.3 提炼关键词：提炼影响消费者行为的核心因素

消费者行为是指消费者在特定环境下，通过与企业互动完成的某一特定消费目标，这个目标总是动态的、发展的。总体来看，消费者行为主要受到个人因素的影响，这里的个人因素主包括个人需求、态度、学习、认知等。

个人需求：人们为了延续生命并获得发展而对客观事物产生的欲望被称为需求。心理学研究显示，需求反映的是自身条件的缺乏与周围环境之间的不平衡，也是人们确定行为目标的重要驱动力量。著名心理学家亚伯拉罕·马斯洛（Abraham H. Maslow）曾提出需求层次理论，该理论将人们的需求由低到高分为生理需求、安全需求、社交需求、尊重需求及自我实现需求，如图2-4所示。

图2-4 马斯洛需求层次理论

同时，人们的需求主要有三个特点：第一，整体上呈现出由低层次向高层次发展的趋势，只有低层次需求得到满足，才能产生更高层次的需求；第二，当某一层次的需求得到满足后，人们便开始追求更高层次的需求；第三，在需求得到基本满足后，各层次的需求可能会交替出现，呈现出波浪式前进的发展趋势。

在营销方面，企业应该重视未被满足的需求对消费者的激励作用，不断挖掘消费者潜在的个人需求，并通过广告宣传、促销等方式最大限度地满足这一需求。企业还可以根据品牌定位与某个层次的需求进行匹配，从而更好地确定目标市场，制定个性化营销方案。

态度：在消费语境下，态度指的是消费者对产品及其配套服务产生的情感倾向。肯定的态度能够促使消费者尽快完成消费行为，而否定态度则恰好相反。为了引导消费者向着积极的态度转变，企业要充分利用各种营销手段向消费者传递正面信息，同时还要积极改进产品性能，提升产品质量，树立良好的品牌形象，不断完善售前、售中、售后全流程。

学习：学习是指消费者在与产品及其相关服务产生交互的过程中，不断获取经验、知识与技能的过程。消费者的学习主要有以下几种类型，如图 2-5 所示。

模仿式学习是指消费者在获取信息后，通过模仿方式学习，以改变原有的消费

图 2-5 消费者的学习类型

方式；反应式学习是指消费者受到外界刺激，通过体验产生相应的反应，完成消费行为；认知式学习是指消费者通过对现有经验进行学习，获得分析并解决复杂问题的能力，从而做出精准的消费决策。学习可以让消费者丰富产品知识与消费经验，完善消费行为，从而提升复购率。

认知：消费者对产品的整体或个别属性产生的感觉与直觉、思维与记忆，即认知。认知包括消费者通过视、听、嗅、味、触等对产品产生的直接判断，也包括消费者通过广告宣传、使用体验等对产品构建起的印象。企业需要不断优化品牌形象，提升产品质量，帮助消费者建立积极认知，促使消费者完成消费。

除了个人因素，性别、年龄、职业、生活方式等个体特性也会对消费者行为产生影响。不同个体特性直接影响着消费者选择产品的倾向，企业需要深入了解消费者的偏好，使产品能够符合消费者的期待。另外，环境因素也会影响消费者行为，包括文化、社会阶层等。

例如，受不同文化背景的影响，有些地区的消费者喜欢超前消费，倾向于借贷消费、分期付款等；有些地区的消费者则更喜欢通过存款的方式来支撑大额消费。这就要求企业在制定营销方案时，要着重了解消费者身处的文化背景，做到因地、因时制宜。

文化对消费者行为的影响有时还体现在审美上，例如，不同地区的消费者，审美情趣通常很大差异。企业要重视把控目标市场的审美标准，正确理解目标市场的审美文化，以做出符合当地消费者审美情趣的广告创意、产品设计等。

消费者行为也受价值观的影响。价值观是形成态度、认知、生活方式等因素的信念体系，对消费者行为有着十分深入的影响，几乎决定着消费者的长期决策与需求。因此，企业如果可以吸引消费者的内在自我，就有可能影响他们的外在自我，使他们形成消费习惯。

2.2.4 层次化分类：串联信息，构建画像

对消费者标签、影响消费者行为的因素进行分析后，通过串联关键信息，企业可以对消费者进行层次化分类，从而构建起清晰、明确的消费者画像。层次化分类并不是简单地将标签一致的消费者归为一类，而需要从多角度进行考量。

第一，在分类过程中，企业要尽量合理地覆盖变量两端的"极端需求"。绘制消费者画像的最终目标，是根据消费者画像设计相应的产品与营销方案等。因此，层次化分类要格外注意细分群体中的典型消费者，即除了细分群体普遍拥有的核心特征，具有某些特殊特征的消费者。如果典型消费者的"极端需求"能被覆盖，那么产品与营销方案便能够满足该细分群体的绝大多数需求，使消费者画像的效果得到保障。

另外，对"极端需求"的覆盖要注重合理性。当企业对边缘需求过分追求时，很容易获得一个不符合常理、与多数消费者的需求偏离的畸形消费者画像。因此，企业要在合理的范围内扩大消费者画像对需求的覆盖面，通过串联信息绘制出更完整的消费者画像。

第二，对消费者进行层次化分类要尽量合理地将比较集中的信

息连接在一起。绘制消费者画像通常要收集大多数消费者的需求，此时企业不仅要注重消费者标签中的关键信息，还要考虑该标签所对应的消费者数量。

为了防止绘制出的消费者画像过于理想化，甚至脱离现实，企业要注重其合理性，把控基数较大的、核心的、关键受众的需求及特征。

2.3 生命周期模型：精细化营销，提升消费价值

营销是一场看不见硝烟的"战争"，但投入营销资源这件事，每天都在发生。不同企业运作不同品牌，有些品牌的生命周期长，极具活力；有些品牌的生命周期短，转瞬即逝。这样的差异，会让各种悲喜故事轮番上演。在此背景下，掌握了生命周期"密码"的企业可以在"战争"中焕发出迷人的光彩，而其他大多数企业则会像经历了灭霸打响指那样灰飞烟灭。

2.3.1 AARRR 生命周期模型

互联网发展到今天，人口红利已经基本耗尽，存量经济时代悄然来临，生命周期模型也应该随之迭代。于是，一个能在存量经济

时代下依然保持增长的生命周期模型——AARRR 模型应运而生。该模型解释了实现增长的 5 个关键指标，分别是 Acquisition（获客）、Activation（激活）、Retention（留存）、Revenue（收益）、Referral（传播），如图 2-6 所示。

图 2-6 AARRR 模型

1. Acquisition（获客）

获客指的是将潜在的目标群体转化为使用产品的消费者。这个环节的重点是凸显并传达产品的核心价值，加强产品引导。如果细化到具体做法上，可以有很多种，例如，用植入广告的方式为产品提升曝光度，与其他品牌进行战略合作，通过营销事件加深产品印象等。

2. Activation（激活）

激活是十分考验营销能力的一个环节。要想提升消费者的活跃度，关键在于建立消费者成长体系与激励体系，具体的做法是，定期组织积分活动，为消费者提供优惠。组织积分活动是在建立消费者成长体系，而提供优惠则是在建立激励体系。当然，如果可以安排做任务赚积分、积分兑换奖品等长期性活动，还能取得更好的效果。

3. Retention（留存）

留存的目标是让消费者愿意多次购买产品，而不去选择其他品牌的产品。在留存环节，企业需要为消费者提供一些有温度的东西。鸿星尔克的"青年共创计划"倡导企业要与消费者共创品牌，并签约了毕业于四川美术学院的肖红虎和当代青年艺术工作者赵汗青。消费者真正参与到品牌建设和产品设计工作中，可以获得参与感和荣誉感。这样他们就会对鸿星尔克有更强的黏性，从而愿意长久地成为鸿星尔克的忠实粉丝。

4. Revenue（收益）

无论创业还是营销，根本目的都是获取更多收益。在这方面，产品经理和市场经理的想法可能有很大不同。产品经理认为要尽量把产品设计得完美，为消费者提供极致的使用体验，而市场经理则希望产品可以实现企业的收益最大化。如果经过测试，发现某一方胜出但优势不明显，那么往往要选择可以赚取更多回报的那个产品。

实际上，对于产品设计，产品经理通常有非常强的第六感，会挖掘到很多关键点。但数据永远是最准确、最科学的标准，所以只要在采集和分析数据的基础上选用正确的产品方案，就可以做出更合理的决策，让企业获得更丰厚的收益。

5. Referral（传播）

病毒式传播是实现增长的关键。如果某天你发现某个产品在朋友圈刷屏了，那么你第一时间想到的可能是这个产品马上就会火起来。随着互联网的发展和社交媒体的兴起，营销变得越来越简单，越来越低成本化。借助社交媒体的力量，让消费者把产品推荐给亲朋好友，形成一个完整的宣传链，产品便会被更广泛地传播出去。

生命周期一旦开始，就意味着增长方案必须尽快完成。而如何将增长变成爆发式增长，则是企业下一步需要考虑的问题。其实要想让增长迅速升级，除了重视拉新，更应该关注激活、留存、传播，这也是 AARRR 模型备受推崇的重要原因。

2.3.2 不同生命周期的营销重点

产品进入市场后，销量和利润率都会随时间的推移呈现出由少到多，再由多到少的趋势，就如同生命一样，由诞生、成长到成熟，最终走向死亡。在营销界，产品的生命周期通常分为四个阶段：导入期、成长期、成熟期、衰退期，如图 2-7 所示。这四个阶段呈现出不同特征，企业的营销重点也应该以各阶段的特征为基础来决定。

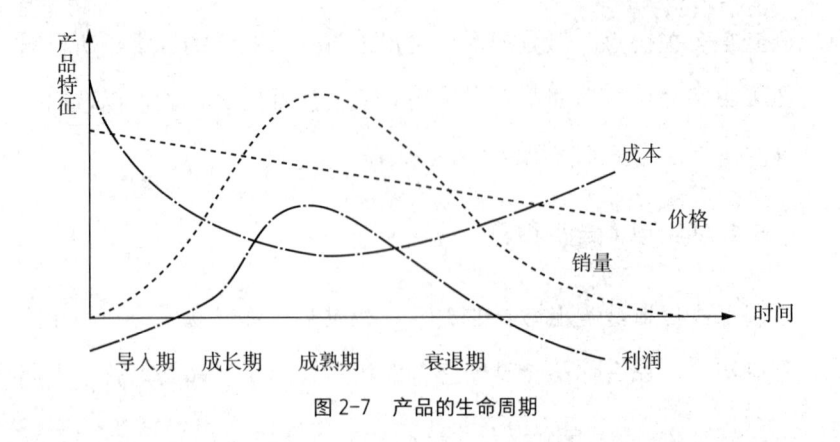

图 2-7 产品的生命周期

1. 导入期的营销重点

导入期的特征是销量不高，利润率也不高（甚至为负值），但生产成本和营销成本很高。根据这一特征，企业应该做到：产品设计要有针对性；上市时机要合适；想方设法把销售力量投向最有可能购买产品的消费者，让他们尽快接受产品，缩短产品进入成长期的时间。

2. 成长期的营销重点

进入成长期后，消费者可能会重复购买产品，并为企业带来新粉丝。此时产品的销量激增，利润率大幅度提升并达到峰值，企业的生产规模也进一步扩大，综合成本有所降低，但新竞争者会出现，与企业争夺市场份额。随着竞争逐渐加剧，市场开始细分，销售渠道增多。此时企业为了保持增长率，延长赚取利润的时间，可以采取提升产品质量、开辟新细分市场、改变宣传重点、完善广告体系、适当降低产品价格等策略。

3. 成熟期的营销重点

处于成熟期的产品销量增长缓慢，会先达到峰值，然后逐渐下降。与此同时，利润率也从成长期的峰值开始下降，同类产品不断涌现，竞争非常激烈。面对这样的市场形势，企业应该采取主动出击策略，如挖掘新受众、优化营销方案、探索更多销售渠道、提升服务质量等，以延长成熟期，或者使产品的生命周期实现再循环。

4. 衰退期的营销重点

衰退期的特征是销量急剧下降,利润率很低甚至为零,大量竞争者退出市场,消费者的消费习惯发生变化。该阶段的企业应该仔细研究市场形势,决定要采取什么样的发展策略。

(1)继续策略:直到产品完全退出市场为止,一直沿用原有细分市场和销售渠道,价格及营销方案也不做大的调整。

(2)集中策略:把企业的资源集中在最有利的细分市场和销售渠道上,从中赚取更多利润。这样有利于缩短产品退出市场的时间,可以为企业带来高回报。

(3)收缩策略:放弃无法产生价值的消费群体,尽量减少营销费用,以保持利润率。虽然这种做法可能导致产品失去部分受众,但企业也能从忠实粉丝中获得一定的利润。

(4)放弃策略:对于迅速衰退的产品,企业应该当机立断,放弃为其投入成本和资源。例如,企业可以把产品完全转移出去或停止生产,将其占用的成本和资源转移给其他产品。

市场形势复杂多变,企业只有掌握主动权,才能在激烈的竞争中立于不败之地。根据不同生命周期进行正确、精准的营销管理,已经成为一个不可或缺的制胜"武器"。企业要充分利用这个"武器",闯出一条适合自身发展的、独特的增长之路。

第 3 章

爆品思维：
一款产品占据市场

爆品意味着一款产品拥有高人气、高销量、海量消费者，能够带来可观收入。也正因如此，打造出一款可以"叱咤风云"的爆品已经成为众多企业梦寐以求的目标。但实现这个目标并没有那么容易，关键在于企业要具备爆品思维。

3.1 新二八定律

意大利经济学家维尔弗雷多·帕累托（Vilfredo Pareto）曾通过对英国人的财富状况进行调查得出一个结论：社会上20%的人占有80%的财富。这一现象被称为"二八定律"。后来一些营销专家发现"二八定律"也适用于营销领域，便延伸出"新二八定律"，即20%的爆品可以创造80%的销售额。如今，越来越多企业将这一定律应用在品牌建设过程中，积极打造属于自己的爆品。

3.1.1 爆品是强劲竞争力的来源

我一直觉得如果企业无法产出爆品，那么很大概率会被能打造出爆品的企业"干掉"。这不是危言耸听。在同质化产品泛滥的时代，爆品已经成为企业建立竞争壁垒的最佳路径之一。

何谓爆品？简单来说就是那些做到极致，有精准差异化定位，可以让消费者"尖叫"的产品。爆品一经推出，就会在短时间内得到广泛关注，帮助企业有效地聚集消费者资源，吸引消费者"集体围观"，对其他同类产品产生强烈的冲击。

目前大多数爆品都具备以下3个特征，如图3-1所示。

```
              极致的卖点
                  ✈
                 ╱ ╲
                ╱   ╲
               ╱     ╲
              ╱       ╲
             ╱         ╲
            ╱           ╲
           ╱             ╲
          ╱               ╲
         ✈─────────────────✈
 "杀手"级的应用场景        爆炸级的口碑
```

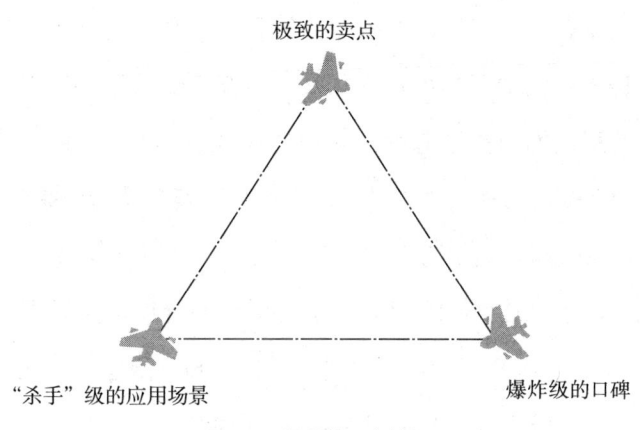

图 3-1　爆品的 3 个特征

（1）极致的卖点。把一款产品或一个卖点做到极致，有助于迅速增强企业的竞争力。例如，国货品牌薇诺娜坚持"大单品"策略，从品牌创立初期就聚焦敏感肌肤市场，产品卖点就是"舒敏"。薇诺娜旗下的产品需要经历立项研究、药用植物筛选、配方研究、安全性研究、功效性研究、工艺技术部准备、产品备案申报及临床验证八个环节。

不仅如此，薇诺娜坚持"医研共创"，用做学术的心态来做产品，在全国数十家顶尖的三甲医院进行产品临床验证，由皮肤科专家反馈问题，以此为依据进行配方优化与产品迭代。最终，薇诺娜将一个卖点做到了极致，让消费者提起"敏感肌"就想到薇诺娜。

（2）"杀手"级的应用场景。企业在提供产品的同时还要提供应用场景。现在出现了很多服装品牌，大多数品牌的宣传点是材料和制作工艺。鸿星尔克别出心裁，在宣传绝尘系列产品的过程中为消费者提供了一个跑步场景。这种场景是常见的，而且是"杀手"级的。

（3）爆炸级的口碑。爆品往往依靠人们在社交领域的链式反应而广为传播。例如，鸿星尔克以其自身充满爱国精神的文案迅速在年轻人的朋友圈里火了起来。这些文案引发了年轻人的共鸣，深受年轻人的喜爱，从而大大提升了鸿星尔克及其产品的传播速度。

现在越来越多消费者关注"国潮风"，鸿星尔克巧妙地捕捉到了这个风口，于2022年12月和《王者荣耀》合作，携手推出联名限定产品——"枫叶鞋"。"枫叶鞋"以枫叶为设计灵感，在还没有正式开售前就迅速成为时尚圈热门icon（风向标）。

2022年12月，"枫叶鞋"正式上线，但只在得物App上销售，而且首发数量仅200双。得物App提供的数据显示，预约购买"枫叶鞋"的消费者突破1.4万人次，"鸿星尔克×王者荣耀枫叶鞋"还上榜得物App鞋类人气话题前五名，热度可见一斑，如图3-2所示。

"枫叶鞋"之所以受到消费者欢迎，一个很重要的原因是自带强设计感和独特时尚气质。"枫叶鞋"的鞋身采用潮流感十足的"枫叶纹"；鞋舌选择"公孙离"兔耳造型，与2023年兔年相呼应；鞋面融合皮革、

图3-2 得物App鞋类人气话题榜

灯芯绒、反绒皮等多种材质，既舒服又保暖；鞋底搭载轻弹的中底材料，兼顾了脚感和耐穿性；色系搭配则以元气满满的"枫叶红"为主，不仅符合年轻消费群体的审美趋势，还为寒冷的冬日增添了一抹暖色，颇具俏皮感和灵动韵味。

很多明星、潮人都已经提前上脚"枫叶鞋"，并在社交平台上争相为自己的粉丝"种草"。例如，《王者荣耀》电子竞技职业选手Hero 无畏（原名杨涛）特意拍摄了"枫叶鞋"开箱视频来宣传产品，并在微博评论区发起了转评抽奖活动；人气偶像团体 SNH48 成员蒋芸把"枫叶鞋"与风衣搭配在一起，拍摄了多张有氛围感的照片，在微博上掀起了一股模仿浪潮。

在明星、潮人的引导下，再加上"枫叶鞋"自带的高颜值和多元化设计元素，很多网友纷纷表示一定要购买"枫叶鞋"，必须将"枫叶鞋"加入购物车，如图3-3所示。

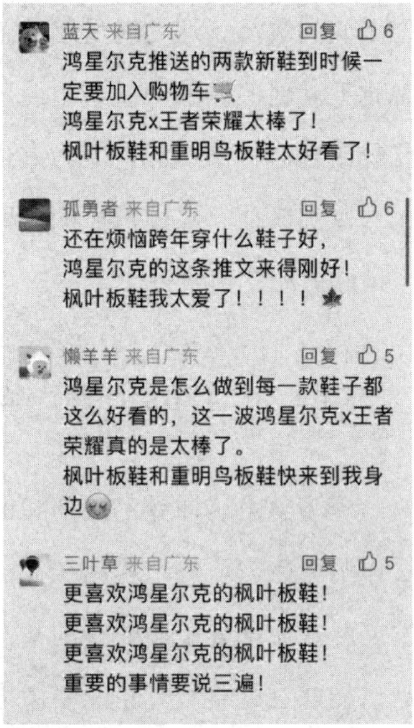

为了让"枫叶鞋"更有吸引力，鸿星尔克还推出创意十足的礼盒，并在礼盒上加入了与"公孙离""狄仁杰"等《王者荣耀》代表性英雄相关的设计元素。鸿星尔克将此礼盒取名为"包（暴）袱（富）"，有一种"何以解

图 3-3 网友对"枫叶鞋"的喜爱

忧,唯有包(暴)袄(富)"的意味,如图 3-4 所示。

图 3-4　鸿星尔克的"包(暴)袄(富)"限定礼盒

在鸿星尔克的一系列营销举措下,"枫叶鞋"迅速出圈,成为当之无愧的爆品。这为鸿星尔克带来了更多关注,同时也带动了其品牌旗下其他产品的销量。由此可见,企业要想吸引并留住消费者,就应该用心打磨产品,大力宣传产品的核心卖点。在这方面,鸿星尔克以高颜值、高性价比的"枫叶鞋"获得了消费者的青睐,达到了 100 分的营销效果。

3.1.2　一个单品激活一条产业链

经济学是这样界定生产和消费的关系的:生产决定消费,消费反作用于生产。一个爆品往往能带动一家企业,甚至一条产业链的发展。企业都处于产业链的某一个环节上,产业链上不同环节的产品也能够进行整合。企业要大力提升产品与科技的关联度,实现资源的优化配置,同时还要把握产品的优势,将产品做成大项目,将大项目做成大产业。这样才能为产业链的延伸奠定基础，让产品对整体产业链的发展起带动作用，进一步提升企业的爆品打造能力。

另外，培养产业链招商主体也非常重要。例如，企业可以与重点企业合作推出联名产品，与私营企业连锁经营，与外贸企业联动发展等，从而不断完善产业链的衔接度。产业链上的大、中、小企业应该保持在产业链上的紧密联系，提升自身创新能力，扩大招商引资范围，从而实现大、中、小企业协同发展，打造集群优势。

目前比较常见的产业链延伸渠道有以下两种，如图 3-5 所示。

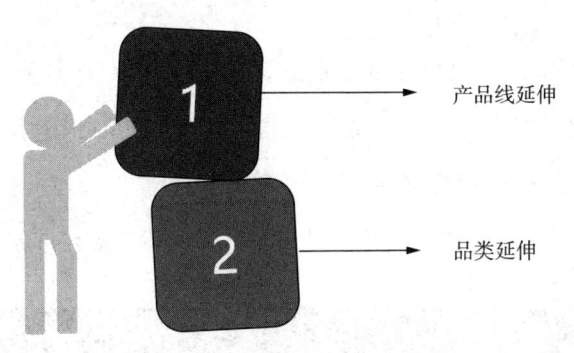

图 3-5 常见的两种产业链延伸渠道

一是产品线延伸。产品线延伸是指将母品牌用于新产品。例如，鸿星尔克就是这样进行产业链延伸的，即从运动 T 恤和运动羽绒服到运动鞋，再到帽子和袜子等配饰，不断从一个领域延伸至另一个领域。当然，企业也可以从一个阶层延伸至另一个阶层，例如，中低档产品可以向高档产品延伸，高档品牌也可以推出中低档产品，从而提升市场占有率。

二是品类延伸。品类延伸是指一个品牌延伸出另一个产品品类，例如，从运动 T 恤到运动健身镜，就属于品类延伸。品类延伸一般具备以下特征：其一，有一定的品牌基础；其二，延伸产品与原有产品在科技上有一定的关联性；其三，延伸产品有市场需求和良好的市场前景。

企业要充分利用爆品的优势和影响力，在升级爆品的基础上积极进行科技研究，提升创新能力，以更好地适应市场变化，延伸产业链，提升知名度，拓展销售与推广渠道。

3.1.3　芷境1.0为鸿星尔克带来共创奇迹

2023年3月，鸿星尔克303运动科技日在上海开幕，在这场一年一度的盛典上，鸿星尔克正式发布了"共创中国跑者"品牌战略。同时，集多项研究成果于一体的共创新品——专业马拉松竞速碳板跑鞋芷境1.0也惊艳亮相，吸引了广泛关注，如图3-6所示。

图3-6　鸿星尔克芷境1.0

芷境 1.0 使用了天鹅配色，造型简约又不失大气。鞋身侧面是一个从鞋头到鞋尾的大型 Logo，体现了鸿鹄展翅高飞的姿态，也展示出了芷境 1.0 的速度属性。不过，相比于大多数竞速碳板跑鞋，芷境 1.0 也有与众不同之处，因为它高度迎合了共创理念。

早在 2022 年 10 月，鸿星尔克就邀请媒体和忠实粉丝参与芷境 1.0 设计讨论会，大家就这款产品的设计提出建议和意见，并亲自上脚试穿，一起探索关于跑鞋的更多可能性。鸿星尔克还通过大赛实测的方式检验这款产品的性能和上脚体验，方便后续迭代。

芷境 1.0 之所以如此受欢迎，共创是一个非常重要的原因，另一个原因是鸿星尔克十分重视广大跑者的需求。很多人可能不知道，芷境 1.0 是鸿星尔克在分析了上万名跑者的脚型数据的基础上开发出来的，而且上海体育学院运动技能研究中心还将运动生物力学全面地引入到设计过程中。后来经过数千次测试和为期 1 年多的反复调整，芷境 1.0 才正式上市。

正是因为鸿星尔克的这种精益求精的态度，芷境 1.0 无论在弯道处理、回弹性能，还是在助推性能及稳定性方面，都实现了全面突破。可以说，芷境 1.0 有极强的专业性，正是这种专业性使其成为市场上与众不同的跑鞋，成为跑者在参与竞速比赛时的优先选择。

为了满足跑者在不同阶段和不同场景中的装备需求，打造完善的跑鞋矩阵，鸿星尔克在推出芷境 1.0 的同时还推出了芷境拖鞋和芷境洞洞鞋。参与芷境拖鞋和芷境洞洞鞋共创的鸿星尔克国货共创官 Hero 无畏还为粉丝分享了实用的穿搭技巧。

以芷境 1.0 为代表的集颜值与专业性于一体的跑步装备，是鸿星尔克贯彻"共创中国跑者"战略的关键支撑。这些高质量、体验上乘的装备在设计方面做到了极致，可以很好地满足跑者及消费者的运动需求，同时也向世界展现了中国品牌的制造能力和创新能力。

共创是一个发现问题、解决问题的过程，这个过程看似很简单，但要想真正落实共创并使之行之有效一点也不简单。企业不仅要与消费者进行深度的沟通和交流，也要有足够强的设计能力和技术能力作为支撑，这样才有可能走通共创道路。

鸿星尔克在运动领域有着丰富的经验，可以与消费者平等对话，洞悉消费者的痛点，为消费者提供匹配的产品，这是它走通共创道路的底气。其他企业如果也想实现与消费者的共创，就应该不断创新、不断进步，打造独具魅力和活力的品牌形象。

3.2 用研究的心态做产品

企业在做产品时，都会有哪些心态？严格来说，这个问题可以有多个答案。但我认为，在以产品为主导的时代，用研究的心态做产品对于任何一家企业来说都是最重要的。用研究的心态做产品，企业需要摆脱既有经验，充分挖掘消费者的需求和消费动机，仔细研究消费者的消费心理和消费行为，不断收集消费者的反馈，从而进一步改进和优化产品。

3.2.1 需求分析：围绕需求思维做产品

做产品，最离不开的一定是对需求的挖掘。但面对各种各样的需求，企业难道要照单全收吗？当然不是。如果企业没有对需求进行深入分析，就盲目地以此为基础设计和开发产品，那么最终结果很可能弄巧成拙。此时需求分析的重要性就体现出来了。

需求分析可以总结为 3 个最核心的关键点——辨、问、量。

"辨"指识别消费者的需求，即了解消费者内心深处的想法，并将这个想法转化成实实在在的产品。这个过程的重点在于找到消费者的本质需求，这样企业才能知道消费者切实需要什么，以便为产品设计提供相应的依据。

企业可以通过大量的市场调研来挖掘消费者的真实需求。很多时候，企业的竞争战略、产品开发目标、营销模式、产品未来规划等都源于市场调研。市场调研帮助企业找到消费者的真实需求，使企业可以检验和修正相关决策，推出更能满足消费者实际需要的产品和服务。

鸿星尔克始终坚持通过市场调研分析需求、找准目标群体，并大胆地对产品进行改造，推出适合"90 后"和"00 后"等年轻一代的产品。鸿星尔克根据当下年轻群体的需求，在设计上大胆创新，及时转变品牌理念与定位，致力于树立"年轻、时尚、阳光"的品牌形象。

例如，为了吸引更多年轻群体，鸿星尔克推出了"燃系列""电池熊猫系列""色彩博物馆系列""中国卫衣系列"和"IP 联名系列"

产品。其中,"电池熊猫系列"以"熙来攘往,如登春台"的成都地标春熙路与熊猫元素为灵感,抓住年轻群体对街头文化、环保着装的追求。百变潮酷的熊猫形象(见图3-7)则体现了年轻群体对传统文化的自信,同时融合了他们对潮流、青春的无限畅想,是传统文化与潮流文化的一次奇妙"碰撞"。

图 3-7　熊猫形象

"问"指思考消费者的潜在动机,了解消费者希望企业为其提供的产品。当企业找到了消费者的需求时,下一项工作不是直接思考"怎么做",而应该先弄清楚"为什么做"。在这个过程中,企业首先要找到消费者的目的和动机(Why),然后再思考应该采取什么措施(How)。企业在不知道消费者需求的情况下贸然地设计产品,无疑是在浪费时间和资源。

要想知道"为什么做"和"怎么做",企业应该明确在特定的场景中消费者遇到了什么问题,以及问题的本质。这就促使企业必须多听、多观察、多思考、多体验,及时收集消费者的反馈意见,了解消费者使用产品的感受,从而发现最核心的问题。一旦发现了问题,企业就可以设计产品,以帮助消费者解决问题。

"量"指衡量需求,即把那些没有价值的需求剔除。这里所说的价值包括消费者价值与商业价值。其中,消费者价值指的是产品能够满足消费者的哪些需求，该价值通常与需求的广度、频率、紧急程度有关；商业价值指的是需求被满足后，能否带来消费者黏性的增强、产品市场份额的提升，以及营收和利润的暴涨。商业价值以消费者价值为基础，只有消费者的问题得到妥善解决，消费者价值才能提升。只有实现了消费者价值，商业价值才会更高。

所以我们必须承认，在新经济时代，企业之间的竞争，归根结底是对消费者的竞争。但一味地考虑消费者需求也是行不通的，如果企业只满足有消费者价值而没有商业价值的需求，那么注定难以长久生存。比较好的做法是，在消费者价值与商业价值之间找到一个平衡点，尽量在为消费者解决问题的同时也能持续创造巨大的商业价值。

另外，企业也要衡量需求的实现成本和可行性。需求的实现成本是多种多样的，包括人力成本、时间成本、运营成本、沟通成本等；可行性则从经济、业务流程等方面入手，分析企业是否应该在设计产品时将某个需求考虑在内。

如果某个需求低频且小众，实现成本非常高，商业价值比较低，那么即使企业突破了研发瓶颈，打通了业务链条，最终满足了消费者的这一需求，也很难产生很好的市场反响。这不仅是对资源的极大浪费，也是对企业市场地位的严峻挑战。

你可能听说过这样一句话："上医医国，中医医人，下医医病"，这句话对需求分析而言同样适用。即上层的需求分析关注人性，中层的需求分析更重视产品，下层的需求分析则更多地关注功能和用途等。归根结底，需求分析是对人性的理解和探索，只要企业遵循"辨、问、量"的原则，对需求进行评估，就能把需求分析做到位，从而更好地指导产品设计、生产。

3.2.2　情感设计：与消费者建立信任关系

人的认知和行为往往是被情感支配的，就像你只有喜欢一件东西，才会想要拥有它和持续使用它。这种现象让企业看到了情感设计的重要性，即遵循"以人为本"的原则设计产品，让产品与消费者实现情感上的共鸣，使消费者获得优质的使用体验，从而真心地爱上产品。

唐纳德·诺曼（Donald Norman）是情感设计领域的佼佼者，他在自己的著作《设计心理学3：情感化设计》中将情感设计分为3个层次，分别是本能层、行为层、反思层。

本能层关注的是产品所具有的可以被消费者直接感知到，能立刻吸引消费者注意的特性，如亮眼、精致的外观（视觉），悦耳的声音（听觉），细腻、舒适的触感（触觉），沁人心脾的芳香（嗅觉）等。一个优秀的本能层设计，可以让产品给消费者留下非常深刻的第一印象，使消费者认可和偏爱产品，进而促使消费者产生购买行为。

2021年1月，《时尚芭莎》前总编辑苏芒在微博写下这样一段话："每年过年都会给家人精心准备新年礼物，今年特意选了波司登羽绒服送给自己和父母，在这个寒冷的冬季，用温暖守护家人，不要感冒。穿上2021年第一件羽绒服，和父母一起迎接新年！"

在大众心目中，"羽绒服"一词意味着保暖，除此之外再无其他。作为深耕羽绒服领域的国货代表，波司登为羽绒服产品注入新的 DNA，在确保高品质的前提下增添美学设计，让羽绒服成为一件富有温情的礼物。

在品质方面，波司登采用北纬 43°的顶级鹅绒，将产品含绒量提升至 90%。在设计方面，波司登强调时尚与文化元素，首创简约、修身、适合上班族的风衣羽绒服。不仅如此，在 2018 年纽约时装周上，波司登以"牖"为主题，将水墨画、窗格等中国古典元素融入设计之中，为秀场增添一抹中国神韵。2019 年，波司登以"中国红"元素亮相伦敦时装周，进一步增强国货品牌的世界影响力。

波司登在本能层设计方面加入了诸多情感元素，从触觉入手坚持产品的温暖与舒适，从视觉入手增添中式美学元素。这不仅提升了消费者对波司登及其产品的好感，还帮助波司登建立了良好的国货形象，巩固了其在消费者心中的地位，使其与消费者形成了一种非常亲密的共情关系。

行为层关注的是产品的可用性，如功能的完善程度、操作的难易程度等。当产品可以轻松地帮助消费者达成目标，而且达成目标的过程简单、容易控制、几乎不会出错时，消费者就会对产品有正向情感，从而产生比较强烈的购买和使用欲望。

当消费者在使用产品的过程中遇到困难时，原本存在的正向情感肯定会受到影响。例如，有些服装的设计非常复杂，导致消费者花费了很长时间都没弄明白正确的穿法。这样只会让消费者更生气，从而迁怒于服装及其品牌。因此，企业应该尽量避免华而不实的设计。

反思层关注的是产品对消费者的生活会产生哪些影响。例如，消费者在做某件事时，会自动地想到在某个场景下使用某个产品的体验。如果这个体验足够优质和深刻，消费者甚至会把产品推荐给身边的亲朋好友。这意味着产品让消费者获得了某种价值和更高层次的满足，而且二者已经建立起了情感连接，消费者也不吝于把这种情感连接分享给他人。

以前文提到的波司登羽绒服为例，广大消费者很可能会在冬日的寒风凛冽中想到该产品带给自己的温暖感和舒适感。然后，他们会在与家人、同事、朋友闲聊时无意地将该产品推荐给对方。这样"一传十，十传百"，该产品就会被大范围地推广出去，最终进阶为极受欢迎的爆品。

一个真正成功的产品，势必要合理融合和协调本能层、行为层、反思层的设计，并与消费者进行良好的情感沟通，推动消费者产生积极、正向的情感。企业在进行产品设计时，应该围绕这3个层次不断思考和揣摩，争取让产品变得无可替代，成为消费者的不二之选。

3.2.3 迭代优化：注重颠覆性创新

任何需求都不是一成不变的，消费者经常会产生新需求，所以我一直相信，一个真正优秀的产品，往往不是从无到有进行创造，而是从有到精进行迭代和优化。要想让消费者持续使用产品，甚至把产品推荐给他人，企业就要对产品进行迭代，以满足消费者的个性化需求。

通常产品迭代是指对某些功能进行调整和创新，从而使产品更受欢迎的过程。这在帮助企业吸引新粉丝的同时，还可以为企业留住现有消费者，创造更多收益。在进行产品迭代时，企业可以对产品进行适当调整和优化，坚持以消费者为中心，聚焦消费者痛点，从而引爆口碑。在营销界，比较常用的产品迭代优化策略有以下 5 种，如图 3-8 所示。

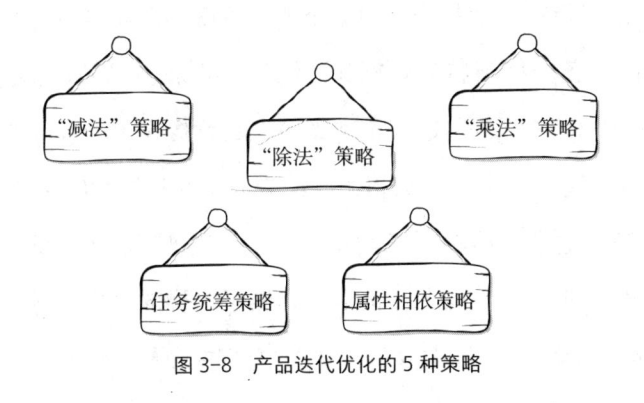

图 3-8 产品迭代优化的 5 种策略

1. "减法"策略

"减法"策略主要指的是剔除产品中的某个或某些微小元素，在保留核心元素的基础上对产品进行迭代优化。例如，很多服装设计师在设计第二版服装时，都会刻意地追求简洁、大方。他们会把第一版服装中那些没有价值的元素剔除，致力于向消费者呈现产品最根本的价值。

2. "除法"策略

"除法"策略也可称作分解策略，即先把产品分解为多个元素，再对某个或某些微小元素进行调整和优化。例如，平板电脑的触控笔就脱胎于平板电脑。对于深耕电子高新技术产业的企业来说，新兴产品的迭代策略就是从已有产品中做"除法"，将其不够完善的功能提炼出来，进而制作出全新的产品。

3."乘法"策略

"乘法"策略旨在将产品中某个或某些微小的元素进行复制，从而使产品具备一些新特质。例如，鸿星尔克旗下的新产品绝尘pro采用升级版双层"烝科技"，消费者穿上它就像穿了一双专业的竞速跑鞋。与一代绝尘系列产品相比，绝尘pro的前掌厚度由20.5毫米增加到22.5毫米，后跟厚度则由30.5毫米增加到31.5毫米，回弹性能更是达到了75%以上。正是因为做了这样的调整，绝尘pro可以很好地减少跑步过程中双脚对膝关节产生的强大冲击力，即使马拉松运动员，也可以穿着它毫无压力地完成比赛。

4. 任务统筹策略

任务统筹策略旨在将产品的已有功能与产品生态中的内部资源或外部资源进行整合。例如，现在大多数企业都会将碳纤维复合材料等新一代材料整合到运动鞋中。这些材料可以为企业提供高性能部件，让运动鞋具备出色的刚度和舒适度，而不会增加其重量。此外，这些材料还可以适应各种生产规模，为企业及其产品提供巨大的附加价值。

5. 属性相依策略

产品设计的各元素之间存在普遍联系，属性相依策略旨在将产品设计的各元素相关联，从而开发一些新的功能和价值。例如，有些鞋子的鞋跟是可以拆卸的，女性消费者可以根据自己的需求选择安装低跟、中跟、高跟，从而更好地适应各种各样的生活与工作场景。很多产品都具备两种以上的属性，这些属性看似毫无关系，但只要被很好地整合在一起，就很可能引发创新奇迹，为企业带来意想不到的收益。

对于企业，尤其是服装企业来说，产品迭代优化固然重要，但绝对不能为了迭代优化而放弃对"美"的追求。经过迭代优化的产品无论功能还是体验，都比之前有很大提升，因此产品外形自然也不能落后。以前文提到的绝尘 pro 为例，鸿星尔克在对其材料、前掌厚度、后跟厚度等进行调整的同时，也十分注重其外形设计。其鞋面使用了绞综工艺，锻造出云罗纱帮面，透气性很强。

为了弘扬运动冲刺美学，绝尘 pro 的鞋面使用了多个 Logo 组合而成的层叠图形，与鞋底的线条相呼应，如图 3-9 所示。而且鸿星尔克还为不同性别的消费者设计了不同的主推颜色，可以更好地满足他们的搭配需求。鞋带及后跟使用了 3M 反光材料，可以在黑暗中呈现出非常绚丽的反光效

图 3-9　绝尘 pro

果,为喜欢夜跑的消费者点亮了一盏"灯",提升了夜跑的安全性。

从一代绝尘系列产品到绝尘 pro,鸿星尔克一贯追求质感与精益求精的态度体现得淋漓尽致。鸿星尔克始终关注消费者的需求,持续加强"国民品牌"形象建设,不遗余力地通过迭代优化为消费者带来性价比更高的产品,充分展示出了一个民族企业的责任与担当。

迭代优化是引爆产品口碑和销量的重要途径,围绕消费者价值链做迭代更容易产生颠覆性的创新效果。可以不夸张地说,迭代优化已经成为企业需要长期执行的重要策略。

3.2.4 "科技 + 体验"双升级,鸿星尔克的创新之路

鸿星尔克成立于 2000 年,至今已经有 20 多年的发展历史。在此期间,鸿星尔克一直将科技领跑作为一项重要的发展战略,并与世界专业运动机构合作,在国内成立了高水准的生物力学实验室。此外,鸿星尔克成立了行业内第一家 CNAS(中国合格评定国家认可委员会)国家级认证的鞋服检测机构。2020 年,鸿星尔克与国家专业运动机构合作建立了极克未来实验室。极克未来实验室为鸿星尔克的产品开发提供了巨大的科技与资源支持,帮助鸿星尔克积累了近 300 项专利。

鸿星尔克还开发了弜弹、力中和、奇弹等运动科技系列产品。其中,奇弹 lite 系列产品获人民日报体育网评价:"鸿星尔克近些年不断升级和进化科技,寻找革命性的人工肌肉材料,用更轻薄的自适应材料改善运动时的缓震失衡,lite 系列产品的诞生,正是鸿星尔

克整合多种跑步比赛的实践结果，开创全新数据采集方式接入互联网生态带来的重磅级运动新潮流。"

奇弹 lite 系列跑鞋（见图 3-10）是行业首创提升肌肉收缩速度的私教型跑鞋，它从人体运动医学、材料力学、智能运动 3 个方面进行科技升级。升级后的跑鞋中底在受到冲击力后能够立刻挤压为球状，使消费者的脚部踝关节力量重心前移，从而实现滚动式缓震。

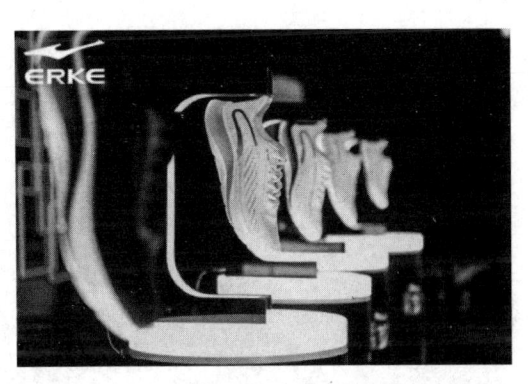

图 3-10 奇弹 lite 系列跑鞋

鸿星尔克目前不仅在科技领域潜心钻研，还十分注重消费者的购物体验。为此，鸿星尔克在营销过程中努力打造消费者在不同消费场景下的极致体验，全方位收集消费者的购物感受与评价，为产品优化奠定基础，从而实现良性发展。

鸿星尔克相继在北京、深圳、郑州、武汉、合肥、南昌、南京、重庆、成都、广州、青岛、济南、兰州、苏州、杭州、西安等多个城市开设"星创店"，借助"新科技＋新产品＋新体验"为消费者带来更多惊喜与仪式感。以深圳大浪"星创店"为例，其外观以灰色为主色调，鸿星尔克招牌上方的 3D 裸眼大屏为消费者带来强烈的视觉震撼，使整个门店设计在现代美学的基础上又增加了一份浓厚的科技感，如图 3-11 所示。

图 3-11　鸿星尔克深圳大浪 "星创店"

其实对于消费者来说,"星创店"不仅是一个购买服装的门店,还具备打卡属性,是他们和鸿星尔克之间的形象感知地、服务体验场、情感连接器。为了迎合不同城市的文化内涵，每一家"星创店"都采取了独一无二的设计理念。鸿星尔克希望借此打破"千店一面"的传统格局，进一步提升"星创店"的颜值，使其成为一个有价值的城市文化标杆。

除了开设"星创店"，鸿星尔克还赞助了多个地区的马拉松赛事，邀请专业田径教练在赛前免费为参赛者进行分享训练，并成功打造了尔克运动体验馆。鸿星尔克为参赛者提供高质量的服饰和装备，致力于提升参赛者的跑步体验。在后续赛事中，鸿星尔克携手悦跑圈共同推出尔克极速跑道、主题线上跑、尔克全民体验官等活动，并在活动后充分收集消费者对产品的意见和建议，以此作为产品迭代的参考数据，推动产品的不断升级。

鸿星尔克在经营过程中始终在为产品的科技和体验做"加法"，以"创造科技新国货"为宗旨推出各种新玩法。在不久的将来，鸿星尔克的产品将延伸至更多领域，深入大众生活，这些产品的科技感和体验感也会释放出更大的经济效益和社会效益。

3.3 好产品自己会"说话"

好产品是企业的"血脉"和"骨架"，能够彰显企业的综合实力，为企业创造更大的价值。在我看来，好产品一定是可以自己

"说话"的,即为自己发声,企业不需要花费大量时间和精力对产品进行宣传和推广,消费者便会自愿且主动地产生购买行为。

3.3.1 自我推销:主动表达传播性信息

"微信之父"张小龙说过:"我一直认为一款好的产品是会自己'说话'的,我们尽量让产品自己'说话',而不替它做过多解释。"在产品为王的时代,这番话是很有道理的。好的产品具备自我推销能力,而不够好的产品即使投放大量广告,也难以获得可观的销量。

那么,什么样的产品才具备自我推销能力呢?至少应该有以下特征,如图3-12所示。

图3-12 具备自我推销能力的产品的4个特征

外显性
统一性
故事性
关联性

1. 外显性

具备外显性的产品往往自带传播能力。外显性体现在两个层面:一是感官层面,例如,产品容易被看到、听到;二是认知层面,例如,产品容易被了解和认可。很多企业都鼓励消费者在微信、微博、小红书等社交平台上晒出产品图和买家秀,目的其实就是让产品能够被更多人看到,从而获得更高的曝光度。此外,一个好的产品名称或产品包装能更直观地传达产品信息,从而加深消费者对产品的印象,加快产品的传播速度。

2. 统一性

统一性体现为同品牌的产品具备相似的风格或特征。例如,椰树椰汁以"又土又潮"的产品包装为大众所熟知。其包装通常以黑色为背景,配以黄色、白色的通用大号字体,将产品优点直白地表现出来。这一包装设计沿用了30多年,给消费者留下了极其深刻的印象。

3. 故事性

好的故事可以成为企业与消费者建立情感连接的桥梁和纽带,也可以提升产品的传播性。企业在打造产品时可以充分发挥故事的力量,即借助一些有感染力的故事与消费者建立紧密联系,或者通过描绘一个经常出现在生活中的细节,激起消费者内心深处对产品的喜爱和信任。有了长期不懈的双向沟通,企业和消费者之间的情感连接就会更加紧密。

情绪传播理论认为,将情绪传播出去是消费者内在的、自适应的需求。为了获得情感共鸣,进一步加强社会联系,大多数消费者都会有强烈的分享情绪的欲望和冲动。在这个过程中,他们扮演的是一个非常重要的全知全能的社交角色。

企业要通过故事让消费者的需求得到满足,帮助消费者获得互动感和参与感。不过需要注意的是,故事虽然可以为营销助力,但企业不能过度消费由故事转化而来的流量,也不能急于收割变现,而应该与消费者亲密互动,用真诚的态度获得消费者的支持和喜爱。

4. 关联性

企业可以将产品与当下热门话题或消费者关心的话题相关联，使消费者在谈论相关话题时能够联想到企业的产品。例如，鸿星尔克将极风 SP 系列产品与马拉松等高频话题建立联系，让消费者在讨论这些话题时更容易联想到鸿星尔克及其旗下的产品，从而增强消费者购买产品的意愿，进一步推动国货产品的广泛传播。

产品的自我推销过程是产品与消费者进行良性互动的过程，也是展示企业形象的过程。在这个过程中，企业可以创造更多发展契机，为消费者提供更大的价值。久而久之，企业就可以创造出更多财富，其品牌也会被更多消费者知晓。

3.3.2　让消费者少做选择

随着产品同质化现象愈发严重，在购买产品时，消费者大概率会犹豫不决，因为他们的选择实在太多了。为了避免这种情况发生，企业可以打造超级产品占领消费者的心智，让消费者不需要比较各种产品，从而帮助他们降低选择难度。

其实在很多生活和工作场景中，人们都需要做选择。例如，你的老板忙于开会，嘱咐你中午为他订一份外卖，你会从平台上挑出 30 多家餐厅让他自己选择吗？答案一定是：不会。因为这样做会让他觉得你并没有帮助他解决问题，而是又把问题丢给了他。甚至你还为他营造了更复杂、更烦琐的选择场景，导致他不得不花费更多时间做决策。对于你来说，比较好的做法是让他从 2～3 家餐厅中选择他最喜欢的那一家，然后你负责订外卖。

其实做产品同样如此。如果产品过于同质化，消费者面临很多选择，那么消费者很可能想立刻"逃跑"。如何让消费者少做选择、节省消费者的时间，便是企业需要思考的问题，同时也是打造超级产品的关键。解决这个问题对于企业来说并不难，具体可以从以下3个方面入手，如图3-13所示。

图3-13 让消费者少做选择

1. 消费决策预判

企业在产品上市前应该通过充分的市场调研了解消费者的消费偏好，调研问题可以是"你最喜欢我们上一款产品的哪一点""如果我们改变产品的某项设计，你会怎么想"，等等。企业需要对已经收集到的产品反馈信息进行筛选和整合，从而根据消费者对产品的选择倾向优化产品，为消费者提供更符合其期望的产品。

2. 产品有效分类

将产品进行分类能够有效控制消费者的选择范围。企业可以将全部产品看作一个集合体，以特征作为分类依据，将集合体依次分为若干个具备相同特征的子集。这些子集就是产品的类目，而类目次序一般是大类、中类、小类等。

有些企业将产品分为男装、女装、男鞋、女鞋、配饰五大类，接着又将这五大类细分为不同小类，例如，将男鞋细分为跑步鞋、篮球鞋、综训鞋、滑板鞋等。还有些企业会对产品的风格和材料进行细分，以便让消费者根据自己的需求和喜好更好地选择产品。这样对产品进行分类更便于消费者查找、筛选自己心仪的产品，同时也有利于增强消费者在选择产品时的条理性，以及消费决策的科学性和精准性。

3. 产品具象输出

消费者往往会利用具象思维选择产品，所以企业需要让消费者更直观地了解产品的功能和属性。例如，淘宝的 AR 试妆程序体现了淘宝对产品的具象输出。消费者通过产品封面图进入 AR 试妆程序，将摄像头对准自己的面部后点击产品选项，就可以从电子屏幕上看到不同的上妆效果，从而在试妆过程中获得更真实的体验。

几乎所有消费者都不会因为选择多而感觉自己"手握大权"，相反，选择多意味着他们不得不费心费力地比较所有选择，以做出最优选择。但是在这个过程中，他们可能会产生厌烦、焦虑等情绪，从而导致选择困难。所以在新消费时代，企业不需要特意为消费者提供大量选择，而应该尽量帮助他们减少选择，这样他们的消费过程才会更短，消费体验才会更好。

3.3.3 "新奇有趣"最容易被感知

现在，企业都在千方百计地宣传自己的产品好、货真价实，不惜为此投入巨额广告费用。当然，也许产品真的不错，但关键问题是，如果消费者无法感知这一点，甚至不认可产品，那么企业不是白忙活一场吗？所以相比于大肆宣传产品，让消费者真切地感知产品的优势更重要。而新奇有趣作为比较独特的优势，通常最容易被消费者感知。

第一，场景新奇有趣。

为产品创造有趣的场景往往是产品吸引消费者的开端。李宁曾经携手虚拟代言人星瞳重塑"复古未来主义"，通过虚实融合的方式让星瞳身穿李宁运动服，极大地加深了消费者对李宁这个国潮品牌的记忆，刷新了对其经典形象的印象。

在与星瞳合作的视频中，李宁通过对 20 世纪 80 年代经典场景的还原，如迪斯科舞厅、理发厅等，再加上星瞳的复古造型和运动穿搭，在视觉方面给消费者以强烈的复古感，如图 3-14 所示。在 Z 世代眼中，20 世纪 80 年代的经典场景是新奇、有趣的，这些场景可以很好地激发他们的兴趣，让他们产生一种与众不同的消费体验。

图 3-14　李宁还原的 20 世纪 80 年代的理发厅场景

为了让消费者有更强烈的真实感，李宁将每一个场景都还原得非常细致，黑白电视机、热水瓶、旧电话、舞厅灯球等存在于20世纪80年代日常生活中的老物件也均有亮相。再伴随着复古音乐，消费者仿佛置身于那个年代的场景中。

星瞳代表着年轻一代的主流审美，这样的虚拟形象就像一条纽带，将过去与未来的文化连接起来。李宁通过新奇、有趣的场景让消费者重新认识、了解了父母那一代所流行的时尚风格，让他们充分感知复古流行文化的魅力。可以说，李宁紧跟年轻群体的审美观念，为成长于新时代的消费者演绎了"复古"与"流行"的完美融合。

第二，形象新奇有趣。

企业可以从造型、颜色搭配、材料等方面入手，让产品的形象更新奇有趣。2021年，国货童装品牌巴拉巴拉（balabala）与普象网联合举办了一场以"童"创梦想家为主题的创意大赛。产品组金奖获得者谢深的作品令人眼前一亮，如图3-15所示。

图3-15　金奖作品：儿童恒温餐具

这套儿童恒温餐具以海底世界为主题，从巴拉巴拉的 IP 形象"小章鱼"衍生出多种海底生物，如鱿鱼、鲸鱼、章鱼等，配色以低饱和度的蓝色（另一款为粉色）为主。餐具包含饭盒、汤杯、筷子、勺子及叉子。其中，饭盒和汤杯采用恒温设计，避免饭菜迅速变凉，底座内部配备 UV 光消毒、无线充电及通风功能，确保餐具卫生。这款产品充分考虑到多种儿童就餐场景，让家长更安心，为巴拉巴拉吸引了更多消费者。

第三，功能新奇有趣。

一款具有创意功能的产品更容易成为同类产品中的焦点。例如，国货品牌得力推出桌面吸尘器。这款产品小巧精致，便于携带。在校学生可以利用它迅速清理橡皮屑、纸屑，不必再用手或纸巾接着碎屑一次次清理。职场人士可以用它吸附键盘缝隙的灰尘，在日常生活中它也可用于清理窗台、书架缝隙的灰尘。

得力敏锐地发现了人们生活中经常遇到却又容易忽视的细节，从而研发出这款富有创意的产品。消费者在感叹其"有趣"的同时，又不得不承认其实用性。

在产品设计中，新奇有趣的创意是点睛之笔，这种创意通常也最容易被消费者感知。随着消费者对新奇有趣的事物的需求越来越强烈，企业要调整产品研发策略，坚持以消费者的需求和偏好为导向，不断提升产品的创意性，以新奇有趣的创意打造产品独一无二的优势，从而使产品更容易被消费者感知，扩大产品的传播范围。

3.3.4 "炁科技"跑鞋：国风与科技的结合

赛事激励、政策利好、科技进步、健身意识加强……在多种因素的推动下，体育运动行业乘风疾驰，进入了发展的快车道。鸿星尔克作为一个在体育运动行业深耕多年的知名国货品牌，也奋起直追，积极进行产品创新，推出了深受消费者欢迎的"炁科技"跑鞋。

"炁（qì）"是一个生僻字，代表着生命活动的原生力量。鸿星尔克的"炁科技"跑鞋对这个生僻字进行了很好的诠释，让消费者感受到强大的生命力。"炁科技"跑鞋是一款碳板竞速训练鞋（见图3-16），是鸿星尔克与国漫《一人之下》的联名之作。双方以国漫IP中的国风元素为产品赋能，用体育精神碰撞国风美学，打造出极具中华特色的科技新国货。

鸿星尔克总裁吴荣照对"炁科技"系列产品阐释道："我们希望奇弹炁能够真正帮助消费者迅速提升配速，提升运动效率，让这种原生力量变得更强、更有底气。"在"炁科技"系列产品的开发过程中，鸿星尔克坚持以科技为先，不断提升产品的科技含量。

"炁科技"跑鞋以其特有的动态追踪缓震科技均匀分摊足

图3-16 "炁科技"跑鞋

部冲击力，回弹率达到了 75% 以上，可以很好地为跑者增添跑步动力。鸿星尔克根据足部生物力学对其结构和材料进行设计，使"炁科技"跑鞋贴合跑者的肌肉延伸动作，从而实现触感升级。

另外，鸿星尔克为"炁科技"跑鞋的鞋眼周围增加了弹力拉线，通过压膜工艺固定，提升了包裹性，从而缓解鞋面对脚背的压迫感。其采用的中底碳板科技能够为跑者提供更轻量化、高强度的足部支撑，帮助跑者有效过渡前后掌力量，对足部进行更周全的防护。

"炁科技"跑鞋打造了潮流国货的新风尚，再次回馈了消费者对鸿星尔克的信赖。鸿星尔克作为行业领先企业，一直致力于提升自主创新能力，响应科技新国货的品牌战略。"炁科技"跑鞋以中国传统文化元素命名，以科技创新满足市场需求，是国潮崛起的又一个生动样本。

第 4 章

内容为王：
传统品牌如何出圈

投放信息流广告，要准备大量内容；为产品种草，要邀请网红大V共创内容；冠名综艺节目，要懂得筛选内容……好像一切和营销有关的工作都离不开内容。但内容营销有很高的操作难度，以至于很多企业抱着"可遇不可求"的心态，不愿意花费时间去创造一个依靠内容出圈的机会。在"内容为王"的时代，任何企业都应该思考如何才能将内容营销做好。

4.1 内容构建：让品牌生而不凡

如果将品牌比喻成人类，那么讨论品牌的生而不凡，就相当于讨论人类应该有什么基因才可以变得优秀。在人类学中，这个问题没有标准答案，但在品牌学中，答案已经呼之欲出。

品牌学倡导产品是基于消费者心智研发出来的，与产品相关的语言钉、视觉锤、内容等因素，都应该围绕消费者去构建。纵观那些已经被消费者认可的品牌，它们好像都进入了"品牌天堂"，而它们所具有的特征也许可以帮助企业找到成功的秘诀。

4.1.1 打磨语言钉，一句话定位品牌

在信息大爆炸时代，每位消费者平均每天要接收上万个词语。为了让他们记住与品牌相关的词语，国货企业需要将语言极度简化，以锐利、精练的文字把品牌的内涵、价值观、愿景等展示出来。而这种锐利、精练的文字，就是营销战略大师劳拉·里斯（Laura Ries）提出的语言钉。

现在多数成功的国货企业，都有一个锋利且有吸引力的语言钉。飞鹤奶粉的语言钉是"更适合中国宝宝体质的奶粉"，六个核桃

的语言钉是"经常用脑,多喝六个核桃",阿里巴巴的语言钉是"让天下没有难做的生意",鸿星尔克的语言钉是"To Be No.1"(成为第一)……

好的语言钉可以拯救企业,但不合格的语言钉会导致企业走向衰落。曾经有家专门销售母婴服装的企业,豪掷了上千万元装修门店,店内配置和摆设十分豪华,生意却门可罗雀。这家企业的运营战略没有什么问题,唯一的不足是语言钉不到位。

后来该企业从母婴定位出发,设计出语言钉——"妈妈更美丽,婴儿更健康"。此语言钉一出,便直接"钉"在了宝妈们的心上。接着该企业又在微博、抖音等平台上重复宣传语言钉,不断加深宝妈们的记忆,获得了非常不错的营销效果。

现在很多企业都像案例中的母婴服装企业一样,十分重视语言钉对消费者的启发与激励作用。于是,它们积极打造适合自己的语言钉,如图4-1所示。

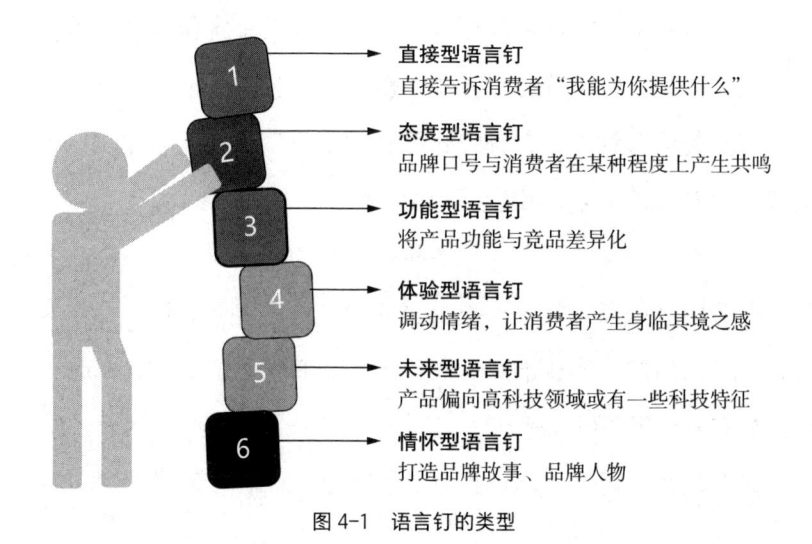

1. 直接型语言钉
直接告诉消费者"我能为你提供什么"

2. 态度型语言钉
品牌口号与消费者在某种程度上产生共鸣

3. 功能型语言钉
将产品功能与竞品差异化

4. 体验型语言钉
调动情绪,让消费者产生身临其境之感

5. 未来型语言钉
产品偏向高科技领域或有一些科技特征

6. 情怀型语言钉
打造品牌故事、品牌人物

图4-1 语言钉的类型

（1）直接型语言钉往往以简洁明了的方式将产品的名称、效果、价值观等关键信息展示出来。李宁的语言钉"一切皆有可能"体现了一种积极、勇敢、乐观的价值观，符合年轻人的想法，与其目标群体定位非常匹配。李宁借助语言钉传递关键信息，率先抢占了消费者的心智，激发了消费者对其产品的兴趣和购买欲望。

（2）态度型语言钉主要让宣传语与消费者的感受相连。鸿星尔克将"To Be No.1"作为语言钉，向消费者传递其所倡导的坚韧、拼搏的奋斗精神，同时也体现了其对未来发展的美好愿景，表达了一种自强不息的斗志，可以很好地吸引消费者。

（3）功能型语言钉主张直击痛点，帮助消费者解决问题。"步步高点读机，哪里不会点哪里"是步步高点读机的语言钉。该宣传语直接告诉消费者产品的主要功能及其使用方法。只要听到过该宣传语的消费者，在为孩子选择学习类电子产品时，就会立刻想到步步高并主动购买其产品。

（4）体验型语言钉倡导让消费者在看到某个宣传语时，可以产生视觉、味觉、嗅觉等感官体验，获得一种身临其境的感觉。美好时光海苔的语言钉"什么香香脆脆我们都爱"将海苔的香脆口感与消费者的内心感受紧密相连，让消费者留下深刻印象。

（5）未来型语言钉适合具备科技特征的产品或品牌。专注于科技类业务的品牌联想将"人类失去联想，世界将会怎样？"作为语言钉，以反问的形式让消费者展望未来，并暗示消费者其产品更专业，更有科技感和现代感。

（6）情怀型语言钉通过打造品牌故事、品牌形象唤醒消费者内心的情感。恒源祥作为一个老牌国货企业，被"80后"和"90后"所熟知，其语言钉"恒源祥，羊羊羊"更代表着一代人的记忆。该语言钉不仅表达了恒源祥坚持将上好羊毛作为原材料的宗旨，也弘扬了恒源祥心系消费者、注重产品质量的良好形象。在上海话里，"羊"的发音还有财运旺盛的意思，很好地戳中了消费者的购物心理，读起来也朗朗上口。

"简单即王道"，语言钉虽然只是简单的几个字，但它为品牌带来的价值不可估量。企业需要找到适合自己的语言钉，然后反复地强化它，最终让消费者形成难以磨灭的记忆。

4.1.2 开发视觉锤，集中注意力

提出语言钉的劳拉·里斯曾经说："企业如果想取得成功，不仅需要语言钉，更需要视觉锤。"她在《视觉锤》一书中写道："视觉形象和语言信息的关系好比锤子与钉子：企业要用视觉形象这把锤子，将语言信息这个钉子'钉'到消费者的心智中。"

视觉锤天生蕴含着强大的情感力量，这是语言钉所不具备的优势。视觉锤可以为消费者带来强烈的感官冲击；可以超越文字，打破不同品牌之间的界限；可以让消费者更高效地识别品牌……既然它的价值如此显著，企业应该如何打造它呢？可以从以下方面入手。

1. 形状：最容易让消费者记住的符号

一个简单、别致的形状，可以让消费者将品牌与其他品牌区分

开来。华为的视觉锤（如图4-2所示）以菊花形状为基础，分为8个花瓣，整体呈现出向外"爆炸"的趋势。该视觉锤象征着华为充满凝聚力、朝气及不断扩张的雄心，给消费者留下了深刻的印象。

图4-2　华为的视觉锤

2. 线条：直线或曲线

线条一般有直线、曲线两种形式，这两种形式都能很好地强调品牌内涵，深化品牌形象，在视觉上也容易被用户识别和记忆。其中，直线比较适合以稳定、坚实为特征的品牌，而曲线条则可以暗示速度和动感，比较适合彰显果断、干练等特征的运动品牌。

3. 颜色：打造品牌专属特征

相比于文字和图形，颜色可以更早地进入消费者的视线，为消费者带来视觉冲击。在颜色设计方面，鸿星尔克做得很不错，其设计理念值得其他企业借鉴，如图4-3所示。

图4-3　鸿星尔克的视觉锤

鸿星尔克的商标好像展翅翱翔于蓝天上的鸿鹄，寓意像鸿鹄一样翱翔天际、勇往直前、无惧挑战，体现了其一直践行的坚韧、拼搏、奋进的价值观，也代表了其乐观、向上的品牌态度。此外，商标通体为蓝色，这个蓝色源于天空蓝，象征着沉着、冷静、胸怀天下的品牌形象，以及时尚、大气、简约、典雅的美好气质。

如果企业率先控制了某个品类，那么也可以通过占领某个特定的颜色来吸引消费者。国货企业历经多年发展，许多产品以其包装颜色深入人心。作为老牌国货，六神花露水以其经典的绿色玻璃瓶包装，给消费者一种清凉、安心的感觉，成为大家心目中的夏日必备"神器"。

4. Logo：将常用符号特殊化

Logo作为视觉锤的表达方式之一，常见于产品、广告牌或网站上。一个让消费者印象深刻的Logo应该是便于记忆且与众不同的。李宁的Logo像一个"对钩"，消费者只要看到这个Logo，就自动地接受了李宁和这个Logo之间的固有联系，如图4-4所示。

图4-4 李宁的Logo

5. 产品：天然的视觉锤

设计一款本身就包含视觉锤的产品能让消费者印象深刻。卡骆驰借助产品打造了独特的视觉锤,强化了产品在消费者心中的记忆点。作为二十世纪六十年代至八十年代流行的老国货,蛤蜊油"货如其名",其使用天然蛤蜊壳盛放护肤油,如图4-5所示。随着消费市场不断充盈,蛤蜊油慢慢淡出了人们的视线,但独特的包装使其成为了几代人的冬日回忆。

图4-5 蛤蜊油

6.动物:突出品牌个性

将消费者熟知的动物作为视觉锤,有利于激发消费者对品牌的亲切感。国货品牌红蜻蜓以蜻蜓为核心元素设计了一个极具辨识度的视觉锤,如图4-6所示;男装品牌七匹狼选择了狼这种有拼搏精神的动物作为标识,展现男性消费者的魅力,弘扬了其文化品质并增强了品牌形象。

图 4-6 红蜻蜓的视觉锤

现在是一个竞争越来越激烈的时代，视觉锤已经成为必不可少的营销工具。但视觉锤并不是营销的终极目标，企业必须先把语言钉的作用发挥到极致，再借助视觉锤传递品牌特性，从而建立差异化优势，抢占认知先机。

4.1.3　长青内容：体现企业深度价值

营销思维持续迭代，之前那种简单、粗暴的硬广告植入已经让消费者"免疫"，有趣、有料、有深度的内容开始获得他们的关注。鉴于此，营销重点逐渐从产品回归到内容上。内容有丰富的形态，包括长/短篇文章、视频、图片等。企业需要将不同形态的内容转化成有公共性和高价值的社会议题，引导消费者讨论，从而获得更强的竞争力和更诱人的流量效益。

鸿星尔克总裁吴荣照曾经在 2021 年 7 月发布了一条微博动态，讲述了自己在创业过程中遇到过的困难，回应了鸿星尔克"濒临破产"的传闻（见图 4-7），又说明了自己做品牌的初心。当时这短短几百字的内容在微博上获得了广泛关注，为鸿星尔克带来了一大波流量，让鸿星尔克迅速出圈，并相继登上 B 站和抖音热搜榜。

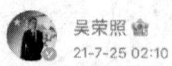

> 吴荣照
> 21-7-25 02:10
>
> 深夜,我突然看到这篇报道,深有感触。2000年我以微薄的资金从福建起家,正式创立鸿星尔克。2003年遭遇大水,半数设备和大量原材料资产被水淹,工厂举步维艰。2008年又遭遇了金融危机,紧接着一场大火,烧光了一半的生产设备。虽然经历过这些风风雨雨,我自始至终怀揣匠人精神。近几年经过和团队的积极调整,鸿星尔克已经取得了一定的效益。所面临的转型过程,依然非常艰难,但是倒也没有像许多网友所调侃的"濒临破产"。我坚信只要守住初心、坚守实业,用心为用户打造优质的产品,总有一天会得到用户的认同。直到近日,河南水灾令我感同身受。自己尽的这份力量,意外得到网友们浪潮般的力挺,我感觉受宠若惊,又有点"蒙圈",除了感恩还是感恩!内心更加深感国人的团结、温良。相信有这样的土壤,国货必然崛起,中国一定行!
>
> 吴荣照:心中有信仰、脚下有力量的鸿星尔克当家人

图 4-7 鸿星尔克总裁吴荣照的微博动态

在互联网时代,流量往往分散在微博、B 站、抖音、小红书等不同平台上,企业需要借助这些平台的流量出圈,实现超量级、跨群体的传播效果。在实际操作时,大多数企业会选择一个自己熟悉的平台作为首发阵地,然后以该平台为核心向其他平台传播内容。

此时就出现了一个问题,什么样的平台适合作为首发阵地呢?应该是有互动性质的平台。因为只有互动,才能让消费者感受到一个鲜活、"有血有肉"的品牌,同时又可以让企业对消费者的反馈迅速做出反应。这里所说的互动通常包括两点,即时性和沉淀性。

即时性比较强的平台是直播平台,但直播平台也有弊端:无法

沉淀内容，而且同一时间长度内可以传播的信息不多。在大多数情况下，消费者不一定会一直听主播介绍产品，这就导致一些比较重要的内容可能无法被消费者接收到。要解决此问题，企业不妨在直播结束后，将直播过程中产生的梗及关键内容提炼成图文发布在网上，让消费者更深入地了解品牌。

沉淀性比较强的平台包括微博、小红书、抖音等。消费者可以在这些平台的评论区里与品牌官方账号互动，企业也可以通过官方账号发布内容，将自己最好的一面展现给消费者。以微博为例，在其内容机制下，高赞评论、博主评论都等内容会被突出显示，消费者可以更便捷地感知品牌信息，对企业产生更强烈的好感。

而且微博作为一个发展多年的平台，已经积累了大量明星和社会名人资源，微博是他们发布内容的第一选择。与小红书、抖音等平台相比，微博还具备很强的内容繁衍能力，经常成为热门事件的爆发地。所以很多消费者都愿意在微博上"吃瓜"，搜索自己感兴趣的内容。

创始人、总裁等管理者也可以在微博等平台上开设账号，这样就可以双管齐下：直播平台收割流量，微博等平台发布内容、激发讨论、持续引爆话题。其实针对一些热门事件，管理者亲自下场与网友互动，营销效果要比冷冰冰的公关通告更好。就像前文提到的鸿星尔克总裁吴荣照，就经常用自己的账号在微博上与网友互动，听取网友的意见。

互联网时代的到来让内容的价值迅速提升，那些有深度、受欢迎的内容毫无疑问将成为企业开拓市场的重要"武器"。在这样的时代背景下，企业需要用心打磨内容，选择合适的平台向消费者输出正面反馈，在消费者与品牌之间建立连接，实现成交转化。

4.1.4 如何从内容到销售

如果说销售业绩是企业的生命力，那么内容则是唤醒生命力的重要方式。企业需要借助内容触达受众，为销售业绩的增长注入一针"强心剂"。即使那些有较大知名度和影响力的企业，也必须投放广告、输出内容，以巩固和提升自己在消费者心中的地位。

鸿星尔克作为一个知名国货品牌，经常会以合作伙伴的身份在奥运会、全运会、足球/篮球联赛等重大体育赛事上为自己打广告。鸿星尔克主营的是运动产品，成为体育赛事的合作伙伴会让热爱运动的消费者感受到其专业性，从而进一步提升其销售额。

与鸿星尔克相似的还有海澜之家。海澜之家在分析消费者的偏好和需求后，与央视及一线卫视的热门节目合作，依托这些节目将品牌理念传递出去，强化了消费者对品牌的认知。海澜之家还把各大节目的受众转化为自己的粉丝，实现了销售业绩的迅猛增长。

除了鸿星尔克、海澜之家等国产服装企业，身处其他行业的企业也不能忽视广告的重要性。例如，教育机构可以在搜索引擎上投放广告，当学生想了解怎么掌握学习方法，如何提升学习效率等问题时，只需要在搜索引擎上搜索相关内容，与教育机构相关的广告就会出现。

淘宝的广告通常会投放在视频软件和社交平台上，因为其目标群体多为在外打拼的职场青年和上学的学生,这些人是视频软件和社交平台的忠实用户。淘宝通过这样的方式宣传产品,让产品被更多人知晓,成功地将内容转化为销售业绩。

碎片化时代分散了消费者的注意力,如果企业不重视内容,没有将合适的广告投放到正确的渠道上,那么就很容易造成营销成本的浪费。另外,广告投放是一项需要长期坚持的工作,企业必须挖掘能引发消费者共鸣的内容,然后不断重复,再重复。

4.2 故事营销:通过故事展示情感

故事最容易贴近人性,也最容易让冷冰冰的产品变得有情感。企业在用故事赋予产品情感后,消费者会更舍得花钱购买产品。与广告相比,故事已经成为一种更高明的营销模式,企业把故事讲好,就可以让品牌和产品实现更大范围的传播。

4.2.1 营造共鸣,打动人心

营销界有这样一条规律:故事比单调的文字更能打动人心。年轻一代的消费者,经常会不由自主地表露情绪,如果企业可以通过故事"点燃"他们的情绪,打好营销这场没有硝烟的战争,就能在竞争激烈的市场中占据一席之地。

李宁围绕创始人李宁先生的创业经历讲故事，打动了一大批消费者。李宁先生是我国家喻户晓的传奇人物，他曾经先后摘取多项世界冠军，赢得一百多枚金牌，并依靠强大的个人魅力被授予"体操王子"的称号，是名副其实的"运动明星"。

退役后，李宁先生投身商业领域，于1990年创立了极具民族特色的体育运动品牌李宁。他的背景和经历让李宁有了极具价值的无形资产，这也是李宁能够成为我国一个比较具有辨识度的品牌的重要原因之一。为了优化品牌形象，李宁还赞助体育赛事，此举让整个体育运动行业的发展进入了新阶段。现在的李宁以"运动燃烧热情"为使命，致力于推出高性价比的产品，并用"一切皆有可能"的品牌精神感染着每一位消费者。

海尔的战略故事与李宁如出一辙，同样是围绕创始人讲故事。海尔创始人张瑞敏在消费者反映冰箱出现质量问题后，紧急查看仓库中是否还有不合格的冰箱，结果发现不合格的冰箱竟然高达76台。于是，他立即决定把不合格的冰箱砸掉，并要求生产冰箱的员工一起砸，目的就是让他们牢记此次事件。这样的行为与消费者希望购买高质量家电的想法不谋而合，让消费者重新认识了海尔这个国货品牌，为海尔赢得了无数好评。

围绕创始人讲故事容易引起消费者的共鸣，同时告诉消费者他们正在面对的是一个有温度、有爱心的品牌。这样不仅打动了人心，提升了品牌知名度，也能更好地优化品牌口碑。

4.2.2 展示实力，提供专业意见

无论产品的外观如何酷炫，广告的画面如何华丽，消费者更重视的还是产品的内核，即产品具备的价值。所以在故事中加入购买产品的理由，向消费者展示企业的真正实力，为他们提供某个领域的专业意见，不失为一个不错的故事营销方法。

鸿星尔克专注于科技研发，向消费者展示了强大的科技实力，输出了一个专业且有实力的"故事"。鸿星尔克曾经推出近400双黑科技"奇弹"限量款运动鞋，结果上线仅10秒就售罄。后来鸿星尔克又顺势推出1000个礼盒装"尔克奇弹二次元撕漫鞋"（见图4-8），依然迅速就被抢购一空。"奇弹"系列产品的惊艳表现让人们注意到一项名为"奇弹"的自主研发黑科技，也让鸿星尔克的实力被更多消费者感知到。

图 4-8　礼盒装"尔克奇弹二次元撕漫鞋"

"奇弹"是鸿星尔克的研发团队经过多年尝试,才成功研发出来的一种智能流体材料。它兼具柔软、回弹、支撑三大优势,为消费者带来弹适自如的极致缓震体验。而且"奇弹"系列产品还加入了智能反光纱面,自带炫酷科技感,让鸿星尔克在年轻消费群体中间打了一场漂亮的"品牌奇袭战"。

当然,鸿星尔克的故事不止于此。在向消费者展示科技实力的同时,鸿星尔克也在营销领域频频发力。鸿星尔克将"奇弹"系列产品的卖点拍摄成视频,撰写成文章,发布在微博、小红书、快手、抖音等平台上,并底气十足地接受 KOL 的测评。

鸿星尔克依靠"奇弹"系列产品和多平台推广策略,一跃跻身为新晋国产流量,迅速圈了一大波粉丝。而"奇弹"系列产品的受欢迎程度也让鸿星尔克坚定了"以科技转型为核心"的发展方向,并促使鸿星尔克不断加大在科技方面的投入。

为了触达年轻消费群体,将科技实力传播出去,深化"奇弹"系列产品的"黑科技潮鞋"标签,鸿星尔克与爱奇艺自制综艺《潮流合伙人》合作,借助嘉宾的巨大流量和影响力为品牌背书,实现青年潮流文化与原创设计的巧妙"碰撞"。

鸿星尔克还为自己的故事不断造势,在情人节前夕推出尔克奇弹小白鞋,以"告白"为主题制作多个融合了故事的视频和文章,并邀请一众潮流人士上脚试穿产品。与其他"奇弹"系列产品相比,尔克奇弹小白鞋似乎多了一丝细腻的情感温度,更容易让消费者产生共鸣。

现在鸿星尔克已经树立起专注于科技与产品研发的良好形象,

当消费者想购买上脚舒服、设计个性、有科技感的产品时，就会立刻联想到鸿星尔克。而鸿星尔克的一系列营销操作，也彰显了大国品牌的效率与能力，与新零售时代的发展趋势高度契合。

4.2.3 驰援河南，鸿星尔克的社会责任感

2021年7月20日，河南遭遇持续性强降雨天气，当地多个城市产生内涝问题，牵动着无数网友的心弦。面对此次极为罕见的水灾，鸿星尔克虽然经营情况不佳，但还是毅然决然地捐赠了5000万元物资，而且并未大肆推广捐赠信息，仅更新了一条微博。

不过，鸿星尔克的低调做法最终没能逃过网友的"法眼"。网友被鸿星尔克的社会责任感深深地感动，自发地帮助鸿星尔克宣传捐赠信息。此次鸿星尔克与网友的"双向奔赴"，迅速演变成现象级热点事件，引发了广泛关注。

正所谓"行善举，诸事顺"，鸿星尔克在借助捐款善举获得爆炸式流量后，消费者纷纷通过直播间、线上旗舰店、线下门店等渠道购买产品。甚至还有消费者因为鸿星尔克舍不得充微博会员，便召集一众网友为其充了120年的微博会员。面对大家的支持，鸿星尔克在微博上表示要立志成为百年品牌，并呼吁大家多关注河南灾情，如图4-9所示。

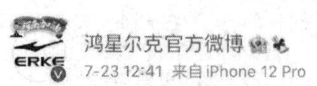

图 4-9　鸿星尔克发微博感谢网友充会员

消费者通过购买产品、充微博会员等行为表达自己对鸿星尔克的赞誉，体现了消费者对国货品牌的认可，凸显了消费者的正义感，让鸿星尔克在低调捐赠物资后获得了更深层次的回报，营造了一种充满正能量、责任感、正确价值观的社会氛围。

在鸿星尔克的捐款事件中，情绪催化是关键点，消费者的情绪共鸣和精神共振被充分地激发出来，他们愿意无条件地支持鸿星尔克。而鸿星尔克在面对突如其来的走红时，则始终保持理性。吴荣照总裁还骑着共享单车赶到直播间，劝导大家理性消费，回答大家提出的问题，并带着乡音向大家表示感谢。一时间，鸿星尔克作为一个国货品牌，实现了裂变式传播。

当时鸿星尔克的善举被主流媒体和网络自媒体争相报道，与鸿星尔克相关的内容更是多次占据各大平台热搜榜。例如，微博热搜有"鸿星尔克的微博评论好心酸""鸿星尔克立志成为百年品牌"；抖音热搜有"鸿星尔克直播间""阿迪主播去鸿星尔克上班"；今日头条热搜有"鸿星尔克被网友'心疼'""鸿星尔克销量暴涨"等。

鸿星尔克为河南捐赠物资的行为,激发了消费者的购买欲望,"点燃"了消费者的正义之心,体现了中华民族的团结之情。在消费者的广泛参与下,鸿星尔克旗下的产品在各大渠道火爆销售,获得了十分可观的销售业绩。鸿星尔克也将自己从破产边缘"救"了回来。

其实除了为河南捐赠物资,鸿星尔克自创立以来,一直坚持从多个方面回馈社会。

在教育方面,鸿星尔克成立了"吴汉杰教育发展基金",与知名媒体机构联合起来向学校捐款,为学生营造更好的教育环境。同时,鸿星尔克还为想创业的大学生提供"梦想基金",帮助他们尽快实现创业梦想。

在就业方面,鸿星尔克奉行"德才并举、共同成长"的人才策略,为社会创造了上万个就业机会,还为下岗职工、退役军人、农村剩余劳动力提供了上千个工作岗位。为了解决员工保障问题,鸿星尔克开设了一个学习班,在寒暑假期间,学习班会准时"开业",帮助员工的子女辅导功课。员工则能更安心地工作,鸿星尔克也随之受益。

在慈善方面,鸿星尔克开展了一个以"鸿星助力·衣路有爱"为主题的捐赠活动,为残疾人改善生活提供了 6000 万元的物资,惠及多个地区。还有前文提到的鸿星尔克为福建省残疾人福利基金会捐赠总价值为 1 亿元的物资和钱款,都深刻地体现了鸿星尔克的公益之心。

更难得的是,鸿星尔克也十分关注环境保护问题,曾获得由市场观察杂志社颁发的荣誉证书。鸿星尔克在生产过程中深入贯彻环保理念，用健康无污染的水性胶粘贴科技代替容易污染环境的传统油性胶，为我国的环保事业出了一份力。

鸿星尔克秉持着"企业是社会不可或缺的一部分，从社会中获取资源，就应该回报社会、承担社会责任"的发展理念，积极参与公益活动，将社会责任感体现得淋漓尽致。

4.3 用户创作内容："野性消费"背后的品牌效应

你可能不只一次地看到，由消费者自己上传的视频或图片成为第一手影像资料，被网友大肆传播，或者企业推出适合全民参与的活动，吸引消费者围绕活动主题创作内容并发布到社交媒体上。这种现象的出现似乎映射着UGC（User Generated Content，用户生产内容）营销开始受到追捧，而企业也因此获得了更多来自消费者的反馈。

4.3.1 UGC加速病毒式传播

众所周知，互联网从来不是一个唱独角戏的地方。虽然现在比较受欢迎的仍然是BGC（Brand Generated Content，品牌生产内容）

或PGC（Professionally Generated Content，专业生产内容），但新时代的消费者已经不满足于简单地从别处获取信息，而是希望自己可以在网上发声。UGC的兴起让他们想发声的愿望得以实现，同时也创新了传播模式。

在UGC模式的影响下，企业逐渐意识到，与其自己花费大量时间和精力策划内容吸引消费者，不如直接利用优质、有趣的UGC将"同道中人"聚集在一起以产生更强大的传播力。这种意识的觉醒让UGC模式成为企业进行营销的"新贵"。

鸿星尔克为河南捐赠物资时正处于艰难生存阶段，而且捐赠信息起初并没有被关注和广泛传播。于是网友纷纷为鸿星尔克"打抱不平"，积极在微博评论区留言（见图4-10），并主动创作和输出与鸿星尔克相关的内容，最终将此事件引爆为一个热门话题。

企业应该如何通过UGC模式做好营销工作？

图4-10　网友的微博留言

第一，找到消费者的"痒点"并加以引导。

"痒点"是消费者内心想要且可以满足其欲望和期许的需求。以年轻群体为例，他们的"痒点"往往会出现在获得社交与身份认同的过程中。他们极具好奇心，喜欢挑战新事物，热衷于一切可以为自己带来刺激的内容和活动。

之前崂山蛇草水花费了很长时间也没有打开国内市场，产品无人问津。后来该品牌另辟蹊径，借助"最难喝"这一标签进入了大众视野。当时很多消费者自发地在微博、微信、抖音等平台上分享与崂山蛇草水相关的视频和图片，带动了越来越多人去购买产品。

第二，创作门槛需要降低。

想让消费者主动开展UGC，创作门槛一定不能太高，而且要有较强的互动性。曾经火爆全网的"反手摸肚脐""锁骨放硬币""瓶盖挑战"等活动虽然有一定的挑战性，但创作门槛不高。你只要有足够新的创意和一台有摄像功能的手机，即使无法挑战成功，也很容易拍出有趣的视频，形成现象级传播。

第三，通过可拓展的内容激发表现欲。

每个人都有表现欲，都希望向别人证明自己。因此，适合消费者参与的活动一定要激发他们的表现欲，让他们有更强大的动力去创作内容。另外，企业输出的原始内容要有可拓展性，便于消费者进行二次创作，实现传播效果最大化。在内容的可拓展性上，企业应该遵循"奥卡姆剃刀原则"，即在表达同类信息的情况下，内容的表现形式越简单，其可拓展性越强，消费者就越容易在开展UGC时玩出新花样。

最后需要注意的是，实施 UGC 模式还要时刻关注消费者的反馈，做好内容筛选与社交传播等工作。企业可以将消费者创作的视频发布到社交媒体上，鼓励更多人参与创作，让他们感知到自己的价值，帮助他们成为 UGC 的创作者和传播者。

在众多内容营销分支中，UGC 模式是非常考验营销能力的一种模式。虽然这种模式操作起来有难度，但非常值得企业去做。因为它可以为消费者提供价值，而且在与消费者"交手"的过程中，企业可以突破营销边界，从消费者身上学习到很多东西。

4.3.2　鸿星尔克如何借助"野性消费"出圈

2021 年 7 月，鸿星尔克为河南捐赠一大批物资，此次事件让越来越多消费者开始重新注意到这个一直低调发展的国货品牌，他们都想通过购买鸿星尔克的产品表达自己对其的支持和认可。

果然到了 7 月 23 日晚，鸿星尔克的直播间迎来了一片热闹祥和之景，消费者纷纷下单购买产品或刷礼物，弹幕的刷新速度和观众的点赞量更是破了纪录。在连续直播大约 48 小时后，鸿星尔克的直播间累计销售额达到上亿元。

进入直播间的消费者发现，鸿星尔克的大多数产品都不超过 300 元，而且样式也比较好看。这些高性价比的产品让见惯了大场面的消费者产生了"叛逆心理"，他们用自己的行动造了一个新词语，即前文提到的"野性消费"。

甚至因为在直播间"野性消费"的消费者太多，还惊动了吴荣照总裁。当时吴荣照总裁深夜骑共享单车来到现场，呼吁消费者要理性消费。但消费者都很"叛逆"，纷纷说："我们不要理性消费，我们要'野性消费'。"甚至在主播说某个产品已经售罄时，有些消费者直接打趣道："把吊牌寄来就行，我自己缝一件。"

除了线上一片热闹祥和之景，线下的销售情况也可圈可点。一名男子在鸿星尔克门店购买了500元的产品，结账时直接在收银台放下1000元便转身就跑；一名消费者在门店拿起一双鞋询问店员有没有43码的，店员回复没有，并表示目前只有41码的，结果这名消费者直接买下这双41码的鞋，和店员说自己如果穿不了，就送给朋友或家人穿。

消费者的种种行为使"野性消费"的热度越来越高，鸿星尔克也因此出圈。现在消费者只要想到或看到"野性消费"，就可以立刻想起鸿星尔克。这代表了消费者对鸿星尔克的认可，他们发自内心地想支持鸿星尔克。当然，这也是UGC模式的一种表现，消费者主动地向外界传播与鸿星尔克相关的内容，帮助鸿星尔克提升了知名度和影响力。

第5章

从"流量"到"留量",营销矩阵搭建

"流量"一直是营销界非常关注的话题,也是企业做营销的终极目标。但自从互联网"跑马圈地"时代正式结束,流量红利也被攫取殆尽。对于企业来说,没有流量红利就意味着广告成本和获客成本增加,以及商业价值和市场话语权缺失。

一种模式的弊端显露出来,不需要多久就会有另一种新模式诞生。于是,从"流量"到"留量"的呼声越来越高,而如何实现二者之间的转化,便成为企业应该重点关注的问题。

5.1 短视频：精细化运营，提升传播力

在追求轻量化营销的时代，短视频强大且旺盛的生命力为企业开辟了一条营销新路径。但如何更有效地利用这条新路径激发营销活力，则需要企业自己去探索。可以肯定的是，短视频作为当下火爆的营销工具之一，可以很好地适应快节奏生活，为企业创造更多收益。

5.1.1 打造极具个性的短视频

在追求线上与线下协同发展的新零售时代，短视频作为一个重要的线上营销工具惊艳亮相。它能够刺激大脑分泌多巴胺，让网友产生一直想看下去的快感，而且这个过程是可以让网友忽略时间成本的。久而久之，网友的心理阈值被刺激得越来越高，此时企业要想吸引他们，就必须不断创新，围绕他们的需求和偏好创作更多极具个性的作品。

但现实情况是，很多企业虽然知道借助短视频做营销是未来方向，甚至毫无保留地投入大量资源，最终却为他人作嫁衣，无法主宰自己的命运。如果这样，布局短视频还有必要吗？当然有必要，

只要瞄准合适的切入点，企业还是可以实现内容复利效应的。

第一，受欢迎的短视频是深度垂直且注重细节的。

虽然大多数消费者更倾向于浏览热度较高的娱乐性短视频，但最终能够留住他们的还是那些有深度、垂直性强的内容。所以短视频创作的关键就在于瞄准某一特定领域，不断对该领域进行挖掘，打造极具稀缺性和个性化的内容，构建稳固的粉丝结构。

前文提到的鸿星尔克旗下的账号"疯狂下属"，便以职场这个领域为切入点，创作了很多表现职场日常的作品。在同类短视频中，主人公大多以认真工作、尊敬领导的形象亮相，而"疯狂下属"则一反常态，以自带"反骨"的职场后浪人设吸引了众多关注。

略显狂气的简介（见图5-1）和"反对加班""拒绝内卷"的个性化标签，让"疯狂下属"在无形中树立了与众不同的形象。其定位与前段时间在各大平台上流行的"00后整顿职场"的热门话题不谋而合，满足了年轻消费群体追求自由和平等的需求，同时搭配一系列有梗的剧情和互动，迅速收获了一大批粉丝。

图 5-1 "疯狂下属"简介

俗话说"细节决定成败",除了找到合适的领域,企业也要注重细节,如画面的清晰度与稳定性、标题的字数、内容与产品的匹配度等。将细节打磨得近乎完美的短视频,往往更容易吸引消费者,增强他们的认同感,同时让他们对品牌有更深刻的印象和记忆。

第二,创新内容场景,挖掘新意,有利于提升短视频的吸引力。

在短视频创作过程中,遇到瓶颈期是十分常见的现象,如播放量达到饱和状态。此时企业可以通过创新内容场景,包括主要场景和次要场景来保持生命力。主要场景的作用是奠定短视频的基调,次要场景通常与主要场景统一,凸显短视频的特点。这样主次场景相互搭配更容易形成符合逻辑的完整体系,让消费者在观看短视频时不至于产生错位感。

例如,服装企业拍摄的短视频以门店、制衣工厂等场景为主,但长期采用同类场景,容易让消费者产生审美疲劳。所以为了更好地留住消费者,鸿星尔克对拍摄短视频的场景进行了创新和延伸,现在其视频中不仅有办公室、品牌发布会等室内场景,还有海边、森林、居民区等室外场景。将产品与这些场景融合,可以给予消费者更真实的观看感受。

现在数字化媒体不断发展,对短视频进行研究和创新已经成为企业必须重视的工作之一。为了紧跟时代潮流,实现不同凡响的传播效果和更高的品牌附加值,企业要借助短视频与消费者建立联系,让消费者知道他们喜欢的是一个有温度、有感情、有个性的鲜活的品牌。这不仅是新时代品牌传播之向往,也是企业迎合市场需求的新探索。

5.1.2 潜移默化植入产品

当你沉浸在短视频的精彩情节中时，主人公以一种非常自然的状态向你展示产品，此时你会有什么反应？你可能和大多数人一样，会惊叹于植入产品的创意性；也可能会有一种自己被"坑"了的感觉，但心里对产品依旧充满好奇和期待。

如果短视频里面的产品植入会带给你惊喜，那么植入所产生的价值就抵消了消费成本，甚至还会赢得你善意的点赞和会心一笑的认同。其实在短视频中植入产品已经不是新鲜玩法了，现在很多企业都会将产品与各种有趣的剧情融合，然后通过短视频的形式将产品传播出去。

植入通常有以下几种方式，如图5-2所示。

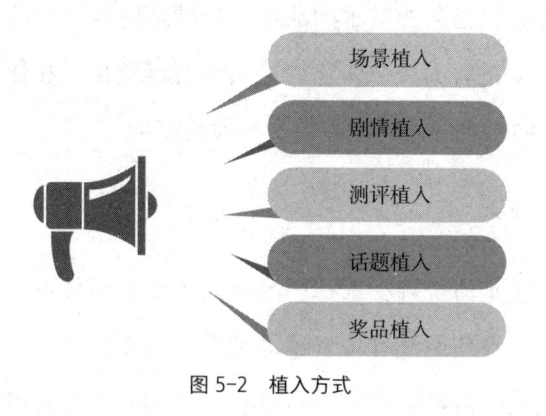

图 5-2　植入方式

1. 场景植入

场景植入需要在主人公活动的场景中放置与产品相关的实物，

如产品广告牌、产品贴画等，目的是加深消费者对产品的印象。例如，鸿星尔克的很多短视频中都有主人公穿着鸿星尔克运动鞋跑步的场景，或者有展示鸿星尔克品牌标志的场景。这样可以更直观地向消费者传达关键信息，促使他们主动到网上搜索出现在短视频中的产品。

2. 剧情植入

如果使用剧情植入，那么企业需要设计桥段，将产品自然而然地与剧情融合。这种植入方式必须确保产品和剧情之间有较高的契合度，否则很容易让消费者产生抵触情绪。某服装品牌曾经与抖音红人"疯狂小杨哥"合作，以"疯狂小杨哥"的抖音账号为媒介，将产品植入到短视频中。该短视频讲述了小杨哥使用得物App为母亲购买其心仪已久的鞋子的故事，巧妙地将鞋子与剧情融合在一起。短视频发布后不久，便获得了上百万点赞量，在让消费者产生情感共鸣的同时也成功为品牌带来一大波流量。

3. 测评植入

测评往往是消费者在选择产品时的重要参考依据，目前比较常见的测评类型有服装测评、日用品测评、食物测评等。当然，借助测评植入产品的前提是产品的质量必须足够好，否则很容易起到反作用，使消费者对产品失去信心和购买欲望。

知名耐力运动社区爱燃烧测评过鸿星尔克旗下的极风SP系列产品，此次测评以跑步爱好者文森的视角为主，表达了他对极风SP专业性和舒适度的认可,也充分展示了极风 SP 在回弹、透气、安全等方面的优势。测评结果公布后,极风 SP 在跑步圈迅速崛起,获得了众多跑步爱好者的支持和关注,引发了一波抢购浪潮。

4. 话题植入

话题植入是指在短视频中植入或关联当下比较火爆的话题。2022 年 5 月 20 日,某个专门销售女性服装的品牌将自己发布在抖音上的短视频与"520""变美""做更漂亮的自己"等热门话题关联,并呼吁女性好好爱自己,以此来推广产品。当时抖音用户只要点击话题标签,就有很大概率浏览到该品牌发布的短视频,从而使其获得更高的曝光度。

5. 奖品植入

很多企业会定期举办短视频抽奖活动,用奖品来吸引消费者关注、评论和转发。例如,南京 Hero 无畏曾经为鸿星尔克旗下的"枫叶鞋"做宣传,并在自己的微博评论区留言"转评抽三个好兄弟送鞋子"(见图 5-3)。这样不仅可以让消费者对他发布的内容更感兴趣,还能激发消费者对"枫叶鞋"的好奇心,为鸿星尔克带来更高的热度。

图 5-3 Hero 无畏的微博评论区

做植入，创意非常重要，而且必须给消费者一种自然、舒适的感觉。如果企业直接在短视频中对产品进行硬性推广，或者设计了与产品不够契合的剧情，那么可能会落得个适得其反的结果。总之只有掌握正确的植入方式，才能获得更高的营销回报。

5.1.3 优化发布渠道：提升视频播放量

近几年，短视频之风盛行，吸引了消费者的注意力，帮助企业聚集了很多流量。在短视频越来越火爆的时代，企业除了"看热闹"，更应该布局短视频，借助短视频推广产品。但布局短视频有一个关键之处——根据内容的定位和风格选择合适的渠道发布短视频。

目前比较常用的渠道主要有两种，一种是独立渠道，另一种是综合渠道。这两种渠道各有特点：独立渠道的受众黏性比较强，有利于企业迅速吸引目标群体；综合渠道往往经营包括短视频在内的多种业务，受众呈现多样化的特点，可以帮助企业积累更多人气。

主流独立渠道有抖音、快手、小红书等，这些渠道各自掌握着不同类型的受众。抖音的受众更偏爱有个性和有趣味性的短视频；快手的受众更偏爱社交化、生活化的短视频；小红书的受众则更偏爱测评类、有美感、实用性强的短视频。

在综合渠道中，比较有代表性的是微博。微博的用户基础十分庞大，所以当某个短视频引爆了热点，登上热搜榜时，该短视频就会被多次转发，获得相当大的播放量。除了微博，今日头条也属于综合渠道，企业可以根据自身需求选择是否将短视频发布在该平台上。

为了扩大短视频的传播范围，企业也可以选择多渠道共同发布。例如，鸿星尔克在抖音和微博上都有账号，这样可以将两个渠道的优势融合在一起，实现优势互补。但企业在选择多渠道发布短视频时，应该有一定的取舍，否则很可能会造成流量的分散与流失。

5.1.4 鸿星尔克和《对话中国跑者》

人生就像一场漫长的马拉松，在奔向目标的过程中，我们必须有义无反顾的勇气和坚持不懈的决心。对于马拉松界名人李芷萱来说，这种勇气和决心似乎是与生俱来的。站上起跑线，无论前方的路有多长，她永远只朝着一个终点前进，而且一旦开始，就不会放弃。

鸿星尔克秉持的设计理念和李芷萱的性格与追求有一定的相似之处。鸿星尔克的设计师认为，设计跑鞋其实就是在参与一场马拉松。每双跑鞋从设计到上市，都必须经过多次试错和调整，这是设计师一直在追求的精益求精的精神，更是鸿星尔克始终坚持的"与跑者共创科技新国货"原则。

努力的李芷萱碰上向往极致的鸿星尔克会擦出什么样的"火花"？《对话中国跑者》似乎给了我们答案。2022年10月24日，鸿星尔克在微博上发布了以"对话中国跑者"为主题的短视频，这期短视频的拍摄对象正是李芷萱。

该短视频以李芷萱穿着鸿星尔克设计的跑鞋在赛场上跑步的场景为封面，以醒目的艺术字《进阶，再突破》为封面标题，有一种很强的视觉冲击力，如图5-4所示。

图5-4 封面标题《进阶，再突破》

而且该短视频还搭配了非常有吸引力的文案——"当专业识别专业，克克家的鞋商品首席创新师对话国马女神，一起从李芷萱的对话里寻找中国跑者的实际需求与解答"。这样的文案有利于激发消费者对跑鞋科技的兴趣和好奇心，促使他们去网上搜索鸿星尔克跑鞋。

在该短视频中，李芷萱从专业角度出发，分别分析了大众跑者和大体重跑者的跑步特点，并逐一给出跑步建议。鸿星尔克的设计师则对新产品"奇弹4.0 Pro"进行了科技与性能方面的综合讲解。设计师介绍了"奇弹4.0 Pro"的设计亮点，突出了在重量不变的情况下，增强碳管的刚性和强度的设计思路，强调了该产品在支撑力、推动力、稳定性等方面的优势。

设计师还邀请李芷萱对"奇弹4.0 Pro"进行体验，询问李芷萱的试穿感受，认真倾听李芷萱的建议和意见。该短视频充分体现了鸿星尔克在研发产品时的细心和专业度，凸显了鸿星尔克作为体育运动行业科技领跑者的强大实力。

该短视频是鸿星尔克与李芷萱的一次深度对话，激发了消费者对马拉松运动员训练装备的好奇心，并潜移默化地植入了产品，为产品带来了良好的宣传效果。在内涵与专业性兼具的基础上，该短视频掀起了不小的消费浪潮，为鸿星尔克打了一次效果很好的广告。

5.2 直播带货：把握线上线下销售新风口

进入直播带货时代，"万物皆可播，人人皆主播"已经不再是一句戏言。在各大企业，尤其是在电商企业的追捧下，直播带货俨然已经成为当下最流行的一种销售模式。这种销售模式不仅可以迅速吸引消费者，还能够推动线上渠道和线下渠道共同发展。因此，把握直播带货的新风口，创造更多利益绝对是企业在新零售趋势下突出重围的秘诀之一。

5.2.1 直播预热留足悬念

如果你已经在直播带货领域布局，那么接下来面对的问题可能就是为直播间的惨淡人气和低迷业绩苦恼不已。遇到这种情况，你首先应该考虑直播预热是否做到位了。正所谓"酒香也怕巷子深"，你想让自己的直播间有人气，就必须重视直播预热工作。

在直播预热方面，很多企业都喜欢用制造悬念这种方式来预热。它们会借助直播亮点、直播福利制造悬念，激发消费者的好奇心，吸引消费者按时到直播间下单购物。

1. 直播亮点

在直播前说明直播亮点是比较常见的直播预热方法，例如，事先以短视频或图文的形式公布产品清单，在清单中重点突出消费者期待的产品或刚刚研发出来的新品。

天猫曾经推出的一个广告，用幽默的方式揭示了当代人的真实生活状态，包括"自鸽星人""柠檬星人""焦绿星人"等。想买东西但是一直在拖，今天拖到明天，明天又拖到后天，最后拖到产品下架，这是"自鸽星人"的日常；手速慢，买不到自己心仪的产品，只能看别人晒产品，暗自酸溜溜的是"柠檬星人"；女朋友生日即将到来，但不知道买什么礼物的是"焦绿星人"。这些生活写照是消费者在购物时各种心理的真实展现。

在列举了这些生活实例后，天猫展示了"双11"的直播时间，提醒消费者做好抢货准备。而这只是天猫预热的第一步。为了进一步宣传"双11"，天猫又精心挑选出9个热销产品，并搭配"接地气"的宣传文案，引爆消费者对"双11"的关注。

除了将产品作为直播亮点，参与直播的嘉宾也可以是直播亮点。企业可以邀请高人气网红或明星作为嘉宾参与直播互动，并在直播前透露嘉宾信息，但不直接表明嘉宾身份，给消费者留下想象的空间，激发消费者观看直播的欲望。

2. 直播福利

所有消费者都希望可以从观看直播的过程中获得福利。所以为了吸引他们，企业可以在直播前透露直播福利，增强他们的期待感，让他们主动关注直播。2023年1月，鸿星尔克在自己的抖音账号上发布了直播预热短视频，主播蕾蕾在短视频中展示了一款产品，并说明这款产品在直播间只要219元（见图5-5）。人

图 5-5 鸿星尔克直播预热短视频

们在得知鸿星尔克的直播间将销售如此高性价比的产品后，大概率会去观看直播，并购买自己心仪的产品。

还有一家服装企业，公布的直播福利为："明晚8点，运动套装将迎来历史最低价，直播间还为大家准备了抽奖活动，抽取一位幸运观众送出最新款老爹鞋。别怀疑，更多福利在直播间等你来拿！"该企业先预告了所有消费者都能够获得的福利（最低价运动套装），然后又预告了抽奖福利，为直播间带来了更高的人气。

悬念和惊喜是相辅相成的，企业在直播前设下悬念，消费者在观看直播的过程中也会收获惊喜。这样可以让消费者对直播充满期

待，从而使企业实现更有效的直播引流。

5.2.2 产品介绍技巧

经常做直播的主播一定知道一个道理：一段好的产品介绍，不仅可以吸引消费者，还能促进消费者下单。然而，很多人可能只记住了主播口中的"OMG（天啊），买它、买它、买它！"却忽视了主播对产品的教科书级介绍。所以这些人天真地以为，只要在直播时随便喊一句"赶紧下单，机会千载难逢"，消费者就会言听计从地马上下单。

短视频领域有一个比较流行的"黄金5秒"定律，即短视频必须在前5秒钟内吸引观众，否则观众就会立刻滑走，去浏览下一个短视频。同样的道理，在直播过程中，产品介绍也有一个黄金时间，即5分钟。如果主播在这5分钟内无法吸引和说服消费者，那么消费者就会选择转向其他直播间。所以做直播，掌握产品介绍技巧是很有必要的。

首先，直播应该展现出专业性，以此来增强消费者对产品的信任。假设某主播要在直播间销售适合健身人士穿的运动套装，那他就可以穿着运动套装展示健身技巧。当消费者就某一健身问题提问时，他也应该及时为其提供专业性的解答。

其次，在条件允许的情况下，主播应该对产品进行试用或试穿，这样有利于更直观地展示产品效果。例如，某主播在推销某款毛巾时，准备了一个带有刻度的容器并注入一定量的水，标记水位线，然后将毛巾浸入容器中。在捞出吸满水的毛巾后，主播再次标记容器中剩余水量的水位线，从而展示毛巾的吸水效果，帮助消费者对该产品做出更准确的判断和选择。

最后，当产品无法在直播间即刻展示出效果时，主播可以讲述自己使用产品的经历，为消费者提供参考。例如，在销售祛痘类护肤产品时，主播当场试用并不能即刻产生效果。但主播可以在直播前对产品进行试用并记录皮肤状态的变化，然后在直播时展示自己未使用产品时和使用产品后的皮肤状态的对比照片，让消费者更清楚地了解产品的使用效果。

注重产品介绍有利于为直播间带来更高的人气。鸿星尔克抖音官方直播间的主播在直播时会依次展示和试穿每款产品，介绍产品的设计风格和设计思路，为消费者展示面料和做工等细节。此外，主播还会讲述自己的试穿体验，为消费者提供搭配建议并现场展示搭配方案，引导消费者在弹幕中说出自己想了解的问题，使直播间的活跃度得到了很大提升。

5.2.3 积极与粉丝互动

直播的核心目的之一是带货，但如果直播间留不住消费者，负责直播的主播就需要与消费者互动，增强消费者的参与感，从而进一步提升直播间的热度和人气。

第一，主播可以通过开放式问题引导消费者互动。

主播在介绍羽绒服时可以说："我最喜欢长款羽绒服，因为它可以把我的身体包裹起来，不知道大家喜欢什么样的？"当主播介绍颜色比较鲜艳的鞋子时可以说："我喜欢亮色的鞋子，显得青春有活力，但我的朋友更喜欢黑色和灰色的暗色系产品。大家可以把自己的想法打在公屏上。"这种开放式问题能激发消费者的表达欲，让直播间更有人气。

主播还可以采用有奖问答的互动方式，即由主播提出问题（最好是与产品有关的问题），引导消费者进行思考并在公屏上发布正确答案。最先回答出正确答案的消费者可以免费获得一份小礼品。这种互动方式可以进一步加深消费者对直播间的好感和印象。

第二，主播可以开展抽奖活动。

主播可以引导消费者将指定的互动口号打在公屏上，然后随机抽取参与互动的消费者，给予其奖励。主播也可以直接将秒杀产品、优惠券等福利的链接放在直播间，引导消费者及时领取福利。

鸿星尔克的直播间就经常发放会员大礼包、优惠券等福利，吸引消费者自发地与主播互动，让直播间显得更受欢迎，如图5-6所示。

第三，主播可以抛出一个热门话题引导消费者讨论。

主播平时需要多关注一些与产品相关的热门话题。例如，在推销运动套装时，主播可以将当下热播剧中出现的与自己品牌的产品款式

图5-6　鸿星尔克的直播间福利

相似的运动套装作为切入点，激发消费者主动了解产品的热情，让他们参与到讨论之中，增强他们在直播间的存在感。

第四，主播需要对直播间的互动情况进行控制。如果消费者的情绪过于激动，或互动时间过长，那么对接下来的直播进程会有影响。主播控制好讨论内容和讨论时间，引导消费者积极互动，能够让直播间的氛围更轻松，消费者也更愿意参与到互动中并产生消费行为。

5.2.4 线下店铺：吸引粉丝到店消费

2023年1月，三只松鼠发布了2022年业绩报告：净利润大跌70%左右，扣非净利润的最大跌幅接近90%。一直以来，三只松鼠都十分重视线上渠道，但在新零售时代，线上渠道似乎已经不再是它可以完全依赖的唯一"解药"。

当然，企业不能完全依赖线上渠道的原因，还在于涉及数量繁多的经销商，以及经过多年积累才越来越完善的经销体系。格力"掌门人"董明珠就坚持在发展线上渠道的同时，积极维护线下渠道的正常运营。这样其实更有利于企业的发展和成长。

尤其到了直播带货时代，线上渠道与线下渠道更要紧密地融合在一起。企业可以通过线上直播的方式为线下门店带来流量，提升线下门店的销售业绩，降低线下门店的经营损失。企业还可以举办相应的活动，将直播间的粉丝引流至线下门店。例如，在直播时，主播可以介绍线下门店的优惠活动，发放可以在线下门店使用的优惠券，并规定优惠券的使用期限，促使消费者在优惠券到期前到线下门店消费。

此外，线下门店也可以通过一定的方式将到店消费者沉淀到社群、微信公众号中。当企业在线上做直播时，这些消费者会被引流至直播间，然后被吸引到线下门店消费，这样有利于巩固他们和企业之间的关系，形成从引流到回流的完整闭环。

5.3　抖音：持续生产优质内容

就现阶段而言，似乎绝大多数企业都将抖音看作一个可以迅速变现的平台，而不是进行营销的战略之地。如果你现在问营销者抖音可以产生什么价值，相信他们也会告诉你是流量，以及流量背后的获利机会。但在我看来，抖音远不止于此。它带给企业的除了流量和获利机会，还有持续生产优质内容的动力和近距离触达消费者的便利条件。

5.3.1　如何打造抖音账号

如果要判断现在最热门的短视频平台是哪一个，抖音一定赫然在列。抖音依靠简单的操作步骤、夯实的用户基础、丰富的内容形式、良好的社群氛围等，成为企业做营销的必争之地。而如何在抖音上打造优秀账号，则成为企业心心念念想解决的问题。打造抖音账号的 4 个重要环节如图 5-7 所示。

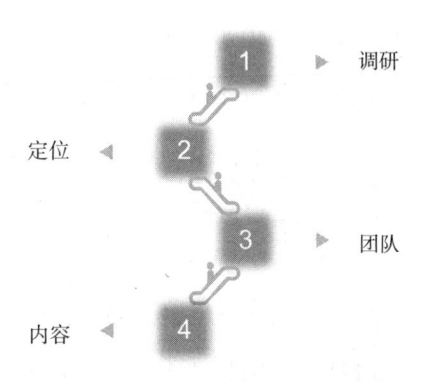

图 5-7 打造抖音账号的 4 个重要环节

1. 调研

首先，企业可以对和自己有竞争关系的企业进行调研，了解竞争对手运营账号的方式及其针对的目标群体，从中提炼有价值的参考依据；其次，企业需要对自己的目标群体进行调研，包括性别、年龄、区域、职业、兴趣、消费习惯、消费需求、消费倾向等；最后，企业应该对自己进行调研，分析内部是否有可以重用的短视频创作人才、产品是否有亮点等。

2. 定位

定位的目的是明确账号的内容和发展方向，为账号打造与众不同的差异化内容和记忆点，促使消费者对账号形成标签性认知。企业可以将团队文化、品牌价值观等作为切入点，围绕自身特性进行分析，结合当下发展战略做好定位。

3. 团队

在抖音上开设账号，策划、拍摄、剪辑、营销是必不可少的工作，任何一项工作出现问题，都会对账号运营产生影响。企业需要招聘能把这些工作做好的人才，让他们分工合作，各自负责部分任务。大家朝着一个方向努力，共同提升账号的整体质量和水准。

4. 内容

内容创作虽然会耗费大量的时间和精力，却是账号运营的一个关键环节。内容通常分为3种类型，分别是感官体验型内容、创意剧场型内容、专业科普型内容。

感官体验型内容能将短视频特色和产品卖点更生动、直观地展现给消费者，但此类内容对拍摄技术和剪辑技术的要求较高。另外，主打此类内容的账号，粉丝增长速度会比较慢，不过变现能力会很强，而且也比较容易上手。

创意剧场型内容成为爆款的概率很大。好的剧情往往能够在短时间内增加账号的曝光度，有利于账号的初期发展。但企业在创作此类内容时，应该注重剧情与品牌的关联度和契合度，尽量通过巧妙、自然的方式在剧情中植入品牌，打造消费者对品牌的记忆点。

专业科普型内容需要出镜人物具备一定的专业功底。专攻此类内容的账号，粉丝增长速度也比较慢，但大多数粉丝都会有很强的黏性。想创作此类内容的企业，需要抓住消费者关注的焦点和知识盲点，而且要展示专业性，这样才能吸引消费者，实现高效转化。

都说"细节决定成败"，其实打造和运营账号也是同样的道理。两个风格相似、内容类型几乎无异的账号，最后的营销效果可能会截然不同。究其根本，这两个账号之间的真正区别也许就在细节上。注重细节的账号往往更具表现感，可以充分激发消费者的情绪，也可以让短视频中的主人公形象更丰满，避免消费者产生审美疲劳。

5.3.2 持续性生产优质内容

2022年5月31日，抖音电商在线上举办第二届生态大会，"优质内容"再次成为重要话题。抖音电商总裁魏雯雯鼓励企业以优质内容激发消费者兴趣，促进转化。面对越来越丰富的内容形式，企业的确应该多输出优质内容，提升自己在抖音上的竞争力。

现在是一个知识焦虑、容貌焦虑、学业焦虑、工作焦虑、年龄焦虑、健康焦虑等无处不在的时代，很多企业看重了这一点，希望通过营造焦虑氛围激发消费者的消费欲望，以卖出更多产品。但"疯狂下属"则反其道而行，在抖音上通过"反焦虑"内容获取了广泛关注。

在"疯狂下属"的内容中，有年轻一代对职场不公平现象的"反抗"，有对"焦虑社会"的调侃，有对领导的趣味吐槽……"疯狂下属"巧妙地将休闲、创新、自由等现代化精神与办公室文化融合在一起，呼吁员工做有意义的工作，不要成为"懒汉"。

"疯狂下属"的受众主要是90后和00后，他们喜欢"自黑""反讽""调侃"等内容。所以为了让内容更有吸引力，"疯狂下属"根据他们的偏好创作短视频，迎合他们在人性化职场、反焦虑等方面的需求。当然，这也是"疯狂下属"如此受欢迎的重要原因之一。

图 5-8 "疯狂下属"评论区

图 5-9 "疯狂下属"关注列表

就在"疯狂下属"发布第一条短视频后，鸿星尔克官方账号"鸿星尔克（ERKE）"就"盯"上了它，并在评论区回复道："最好别让我知道你是哪个部门的。"结果没多久，这条评论的点赞量超过了 95 万。在此次评论之战中，"疯狂下属"也不甘示弱，勇敢地在评论区与"鸿星尔克（ERKE）"叫板，说："笑死好像我会怕一样。"随后"鸿星尔克法务中心"也加入评论队伍，扬言道："有点意思。"如图 5-8 所示。

殊不知，"疯狂下属"有非常强的法律意识，甚至还为了维护自己的职场权益关注了大量适合"打工人"的法务账号，如司法部官方账号、知名律师罗翔和杨璐、深圳劳动法律师团队、劳动仲裁咨询账号等（见图 5-9）。看来，"疯狂下属"似乎已经做好了万全准备。

更令人惊喜的是，因为发布

了一个以偷拍年会为主题的短视频,"疯狂下属"还获得了吴荣照总裁的赞赏。吴荣照总裁用自己的账号给"疯狂下属"评论:"小伙子不错,小小年纪有胆识。有空来我办公室,给你泡茶喝。"如图5-10所示。

图 5-10 吴荣照总裁评论"疯狂下属"

随着事件的进一步发酵,越来越多账号开始参与"疯狂下属"的评论区互动,包括"央视网选""百度""网易邮箱"等(见图5-11)。这些账号为评论区增添了更浓厚的诙谐幽默的氛围,让"疯狂下属"被更广泛地传播出去。

我们必须承认一个事实——互联网时代从来不缺一夜爆红的账号,缺的是能长时

图 5-11 "疯狂下属"与其他品牌的账号互动

间输出优质内容的账号。目前"疯狂下属"的内容输出比较稳定,这是其保持竞争力的重要原因,也是促使其迅速出圈的关键动力。"疯狂下属"依靠优质内容让沉寂了一段时间的鸿星尔克再一次火了起来,使鸿星尔克的曝光度得到增强,无疑是一个"宝藏账号"。

5.3.3　抖音更新规划设计

现在是信息大爆炸时代，网上每天都会出现五花八门的热门事件，倘若企业不稳定更新内容，则很难保证自己辛辛苦苦建立起来的账号不被消费者遗忘。对于企业来说，定期更新内容可以保证账号的活跃度，也是账号积累粉丝的必选项。

首先，企业可以根据目标群体的特征规划一个固定的更新时间点。如果目标群体大多是上班族，那么更新时间点就可以设置在下班后或晚饭后，这样更有利于他们形成按时浏览短视频的习惯，从而增强他们对账号的黏性。

其次，企业应该确保消费者对更新的内容充满期待。有些企业会采取系列情景剧的形式，每次只更新一集，在结尾处留出悬念，让消费者在观看完每集剧情后产生意犹未尽的感觉。还有些企业会以开箱为内容形式，将产品作为开箱道具，每次更新短视频就开箱一个产品。这种更新方式有利于激发消费者的好奇心，让消费者对每个短视频充满期待。

坚持更新内容不仅是在培养消费者的观看习惯，也是在培养团队的创作习惯。每个短视频都需要一定的创作周期，高频率更新虽然难度较大，但也不是不可能完成的任务。这需要团队付出相当多的心血。不过一旦团队适应了高频率更新的工作强度，内容创作效率会有很大提升，这对账号的吸粉和未来发展是很有帮助的。

5.3.4 如何做好抖音运营数据分析

企业想让自己的账号在抖音上脱颖而出，离不开专业、细致、严谨的运营数据分析。这项工作可以帮助企业了解账号的运营情况，从而优化内容体系，完善运营模式。

数据分析可以从以下 3 个方面进行，如图 5-12 所示。

1	2	3
完播数据	互动数据	粉丝数据

图 5-12 数据分析

1. 完播数据

完播数据，是企业应该重点关注的一项数据，它反映了内容的优质度和吸引力。企业可以在商家服务通知中的作品分析或 PC 端抖音创作者服务平台的作品数据中查看完播率。在保证内容完整度的前提下，尽可能地缩短内容的长度是提升完播率的重要方式。

2. 互动数据

互动数据，这个数据越亮眼，短视频获得推荐的概率就越大，传播范围就越广。此项数据与点赞量、评论量、转发量息息相关，因此企业需要了解一些关键问题，如"哪条内容点赞量最高，这条内容的亮点是什么？""哪条短视频的评论量最多，评论的重点是什么？"等。然后通过数据分析总结内容的优缺点，为日后的内容创作和输出做铺垫。

3. 粉丝数据

粉丝数据，粉丝数据的分析一般包括粉丝来源、粉丝特征、粉丝活跃度、粉丝增长幅度等方面，企业可以在分析过程中提出一些总结性问题，如"哪些是忠实粉丝？忠实粉丝最喜欢哪些内容""哪些是新增粉丝？新增粉丝是被哪条短视频吸引来的？"等。做好粉丝数据分析有利于企业深入挖掘粉丝价值，更快地将粉丝转化为可以下单购买的消费者。

5.4 私域运营：最大化展现产品价值

经历了一段时间的喧嚣，私域运营的热度依然不减当年。咨询机构凯纳提供的数据显示，私域流量池产生的销售额占线上销售额的比例大约达到了10%。在这个占比的背后，我们似乎可以提炼出几种做私域运营的不同逻辑，包括卖货、增加品牌曝光、占领消费者心智等。但当我们把生意拉到更长的时间维度去看时，可能就会发现，私域运营亟需被赋予一个更清晰的定义，而我们需要做的，则是厘清其战略定位，最大化地展现产品价值。

5.4.1 从"流量"到"留量"，深挖消费者价值

如果说公域运营是获取"流量"的过程，那么私域运营就是积累"留量"的过程。企业想获得持续关注和认可就必须重视私域运营的作用，想方设法将消费者的一次性消费转化为永久性消费。以下是私域运营的 3 点"留量"优势，如图 5-13 所示。

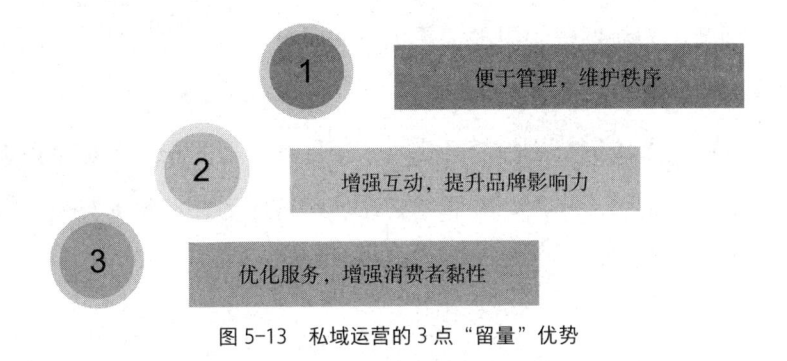

1. 便于管理，维护秩序

2. 增强互动，提升品牌影响力

3. 优化服务，增强消费者黏性

图 5-13 私域运营的 3 点"留量"优势

1. 便于管理，维护秩序

企业可以将不同类型的消费者引导至不同类型的社群。例如，企业可以将对品牌或产品有了解的消费者拉至一类社群，对他们进行品牌宣传和产品推广，加深他们对品牌和产品的了解，激发他们购买产品的欲望；可以将购买过产品的消费者拉至一类社群，定期在社群中发布产品上新通知、回馈老粉丝活动等信息，与他们建立更稳固的关系，推动复购率提升。

2. 增强互动，提升品牌影响力

在公域流量池里，企业与消费者往往没有很多交流机会，久而久之，就会导致部分粉丝流失；而在私域流量池里，企业与消费者的沟通更便捷、高效，这在一定程度上缩短了二者之间的距离，提升了品牌影响力。

3. 优化服务，增强消费者黏性

企业通过私域运营能够根据消费者的特征和消费动向深入优化服务细节，为他们提供更多、更优质的服务，提升他们对产品的满意度，增强他们对企业的好感。

现在是私域运营盛行的时代，无论什么类型的企业，都必须重视私域运营的强大作用，不断增强私域运营能力，在将"流量"转化为"留量"的同时深入挖掘消费者的价值。

5.4.2 如何引导消费者到社群

任何一家企业都希望消费者可以自愿、主动地朝着企业想要的方向前进，而社群则是企业引导消费者的直接载体。这个载体包含操盘手思维的多少、可以对消费者的情绪产生多大影响，这些将直接决定消费者会不会按照企业预设的方向走。

因此，在私域运营中，做好消费者引导工作一直是我认为的最重要的环节之一。企业可以通过线上渠道和线下渠道两个渠道引导消费者加入社群，如图5-14所示。

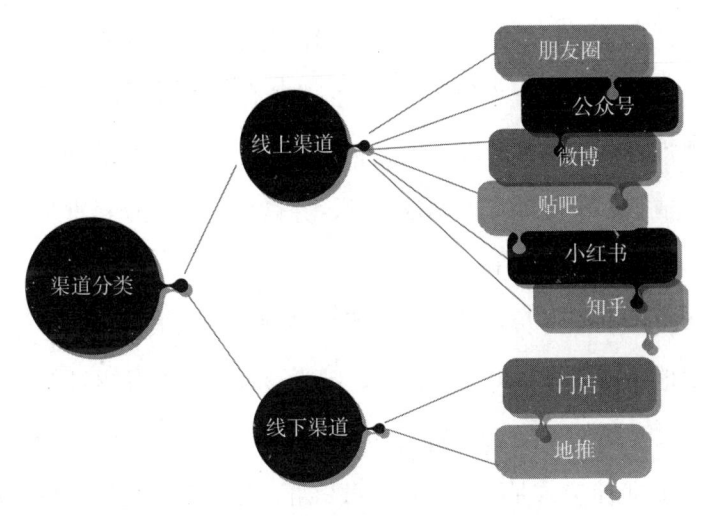

图 5-14 引导消费者加入社群的两大渠道

1. 线上渠道

现在利用线上渠道引导消费者加入社群的方式越来越常见。以公众号为例，公众号是微信旗下的生态产品，可以帮助企业通过文字、图片、语音、短视频等多种形式向消费者推送信息。企业甚至可以在公众号文章或工作栏的合适位置插入社群二维码，以消费者感兴趣的话题为引导，如"免费试用申请""0元领福利"等，吸引他们加入社群。

2. 线下渠道

线下渠道主要分为门店和地推。通过门店引导消费者进入社群通常有两种方式，一是店员与消费者建立一定的信任关系，单独添加消费者的社交软件好友，等到与消费者熟络起来后，顺势将其拉至社群；二是将社群二维码摆放在门店前台等醒目位置，以"福利先知""老粉丝福利群"等字样吸引消费者加入社群。

地推是比较简便、高效的一种渠道。在策划地推活动时，企业需要提前了解地推地点的基础情况，并做好充分的物料准备和人员安排，设计合理的流程。

2022年北京冬奥会期间，某服装品牌选择在天津地铁1号线海光寺站地铁口附近举办地推活动，因为该处是人们乘坐地铁的必经之地，人流量非常大；地推时间为下班高峰阶段，即工作日的17点至21点；地推方式是"扫码加入微信群，即可免费获得冰墩墩钥匙链"。此次地推活动让该品牌成功吸引了大量新粉丝，取得了优异的地推效果。

5.4.3　提升社群活跃度

据不完全统计，现在每天诞生的社群至少有上百万个，但奇怪的是，大约60%的社群会在一个星期内变得一片寂静，这主要是因为社群活跃度达不到要求。此时问题就出现了——提升社群活跃度很难吗？其实不难，关键在于掌握以下几个重点，如图5-15所示。

自我介绍　社群打卡　制造话题　策划活动　发放福利　价值输出

图5-15　提升社群活跃度的重点

1. 自我介绍

自我介绍，是消费者与社群互动的开端，可以缓解他们刚刚进入社群时的尴尬情绪，帮助他们尽快和其他粉丝产生交流，建立良好关系。

2. 社群打卡

社群打卡，是企业与消费者保持联络的方法之一，该环节能够提升消费者的参与度。企业可以借助社群打卡工具，为已经进入社群的消费者指定打卡目标，让他们形成每日打卡的习惯，从而保持社群的活跃度。

3. 制造话题

制造话题，很多社群因为找不到可以讨论的话题而长时间沉默，为了解决此问题，企业可以定期开展话题讨论活动。话题可以是当下热门事件，也可以是消费者经常关注的新闻。一个好的话题能够激发消费者的兴趣，提升他们在社群中的积极性。

4. 策划活动

策划活动，企业可以定期策划一些社群活动。线上活动可以是辩论赛、互动游戏等，如看图猜物、真心话大冒险、谁是卧底等，有利于迅速带动社群氛围，增强消费者的归属感；线下活动可以是粉丝见面会、周年庆派对等，有利于在企业与消费者之间建立更紧密的情感连接。

5. 发放福利

发放福利，是促使消费者参与互动的一种简单、有效的方法。比较常见的福利是红包，但必须注意红包金额，金额过大会增加社群运营压力，金额过小则容易使消费者丧失抢红包的乐趣。此外，企业还可以为经常在社群中发言的活跃粉丝发放礼品，礼品最好是企业自己的产品或带有品牌 Logo 的定制礼品，这样可以顺势宣传产品或品牌。

6. 价值输出

价值输出，输出的内容可以是产品问题、知识教程、生活小妙招、商业资源等。例如，企业可以定期组织消费者在社群中提出其想要了解的产品问题，由社群运营者做详细解答。当然，企业也可以借助问卷调查工具对统计出来的问题进行统一解答。

任何优秀的社群，都离不开良好的运营和维护。借助合适的方法带动社群氛围，增强消费者在社群中的存在感和归属感，可以延长社群生命周期，打造更有价值的私域运营模式。

5.4.4 搭建社群矩阵

在布局私域流量池的过程中，社群运营非常重要，但它是需要整体策划的，而绝对不能采用粗放模式。所谓粗放模式，即不管消费者属性、业务流程、内容输出等因素，仅简单粗暴地把他们拉到社群中。这样的社群运营起来会非常困难，结果也几乎以失败告终。

为了解决此问题，企业应该学会搭建社群矩阵，方法如图 5-16 所示。

图 5-16 搭建社群矩阵的方法

1. 社群定位

搭建社群矩阵的基础是社群定位，社群定位包括三个部分：核心定位、消费者定位、内容定位。做好核心定位需要明确社群成立目标、社群标签、社群功能，分析社群能够为消费者带来什么价值；消费者定位包括明确消费者的性别、年龄、地域、职业、经济实力等情况；内容定位包括分析内容类型、深度、输出方式等情况。精准的社群定位有利于强化消费者对社群的认知，帮助企业打造更合理的社群体系。

2. 倍增和裂变

企业在搭建社群矩阵时不妨先进行社群的横向倍增。社群可以横向扩展为同城群、交流群、会员福利群、秒杀特价群、学习赋能群等。企业还可以根据不同社群主题对社群进行纵向裂变，如会员福利群可以裂变为淘宝会员福利群、抖音会员福利群等。

3. 内容打造

要激发消费者对社群的兴趣，内容打造是必不可少的环节。互动需要内容，举办活动也需要内容，企业针对不同类型的社群输出的内容应该是不同的。例如，企业需要在交流群中向消费者推送实用性强的知识、技术或经验等。某服装企业经常在交流群中为消费者普及近期最新的流行元素或穿搭风格，让消费者在互动中学习知识。

如果是具有销售性质的社群，因为其终极目标是变现，所以输出福利或种草类内容会更合适。例如，电子产品制造企业可以在销售群里为消费者讲解产品的主要功能，以及这个功能可以为消费者带来什么价值，从而引发消费者的种草行为。在介绍产品卖点的同时，企业还可以公布产品上新特惠价格、新品活动时间等信息，激发消费者的消费欲望。

社群是企业传播品牌和产品的重要载体，也是企业与消费者建立信任关系的纽带。完善的社群矩阵有利于企业搭建更庞大、稳定的消费体系，推动私域运营更好地发展下去。

第6章

口碑建设：
俘获信任，加速自传播

俗话说"金奖、银奖，不如消费者的夸奖"，而"消费者的夸奖"其实就是口碑。在新零售时代，口碑好的企业可以名扬万里，口碑不好的企业只会声名狼藉，然后被消费者抛弃。这就提醒各大企业必须重视口碑建设，争取让消费者对产品交口称赞。

6.1 自夸不如人夸，让消费者替你做宣传

有时相比于天花乱坠的产品介绍和制作精美的广告，熟人的意见和建议更容易影响消费者的决策。换言之，与其让营销部门卖力地推广产品，不如引导消费者自发传播，让"人夸"代替"自夸"。这样既能减少成本投入，又可以提升口碑传播效率。

6.1.1 好口碑创造品牌价值

"现代营销学之父"菲利普·科特勒（Philip Kotler）曾经提出以口碑传播为主要途径的营销模式——口碑营销，并将该模式定义为："由生产者以外的个人通过明示或暗示的方法，不经过第三方分析、处理、加工，传递关于某一特定或某一种类的产品、品牌、厂商、销售者，以及能够使受众联想到上述对象的任何组织或信息，从而导致受众获得启发、改变态度、产生购买行为，甚至激励周边群体进行消费的一种多向互动传播行为。"

好口碑可以带动品牌传播，也可以触动人心，吸引更多消费者选择品牌，为品牌带来更大价值。而没有口碑的品牌只剩一个干巴巴的"口号"，而现在的消费者根本不相信"口号"。因此，新消费

时代的企业亟需打造口碑。

第一，好口碑的建立需要企业在生产过程中不偷工减料，保证产品的质量和性价比，争取让使用过产品的消费者将产品纳入自己的回购清单。

第二，现在同类产品越来越多，这些产品的样式、外观、材质大同小异。为了与竞品区别开来，国货企业应该追求差异化发展。而打造差异化可以从消费者的需求入手，即分析竞品已经满足和没有满足的需求，然后据此调整产品战略，如图6-1所示。

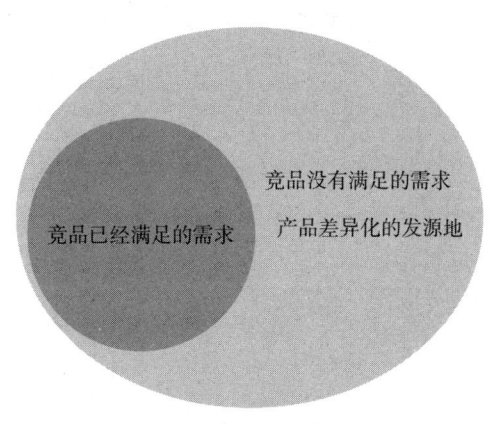

图 6-1　需求分析

农夫山泉在决定进军包装水市场时，很多实力强大的国货企业都已对此市场虎视眈眈，包括娃哈哈、怡宝等。这些企业激战正酣，寸步不让，作为"初生牛犊"的农夫山泉要想超越它们，赢得一席之地，必须找到一个一击即中的方法。

后来经过深入调查和研究，农夫山泉决定另辟蹊径，走差异化道路。它把重点放在对身体健康有益的天然水上，依托高质量的水源，同时配合"有点甜"的广告语，将自己与常见的纯净水、矿物质水区分开来，迅速成为市场中的一个另类，取得了巨大成功。

第三，消费者只有参与到产品的生产与营销过程中，才能更好地体会产品的优势，进而认可产品，对产品做出正向评价。这其实和一个有趣的心理现象有关——人们对一个物体付出的劳动或感情越多，就越容易高估其价值。

如果消费者参与到产品建设中，那么他们对品牌的忠诚度就会比较高。高忠诚度意味着信任，一旦他们愿意信任企业，就会更倾向于只和自己信任的企业做交易，同时也会为企业投入更多成本和资源。更关键的是，他们还会把企业生产的产品推荐给亲朋好友，这意味着企业可能不需要消耗过多人力、物力、财力，就能达到广泛传播的效果。

6.1.2 好口碑促进二次成交

从古至今，口碑宣传一直是很受推崇的营销模式。当企业通过高质量和高性价比的产品赢得口碑后，如果消费者再需要这类产品，那么他们首先想到的可能就是自己之前购买过的品牌。这在无形中带动了二次成交，帮助企业增加了销售额。

现在消费进一步升级，消费者对服务的需求与日俱增。所以企业不妨从服务入手，为消费者提供更优质的购物体验，从而提升复购率。有些企业为了优化购物体验专门在店内放置了AR（Augmented Reality，增强现实技术）虚拟试衣镜，如图6-2所示。

图 6-2　AR 虚拟试衣镜

消费者只要在 AR 虚拟试衣镜前停留 3～5 秒，系统就可以建立一个人体 3D 模型，并获取详细且精准的身材数据，然后这些数据会被同步到云 3D 服装定制系统中。这样企业就可以为消费者提供虚拟试衣服务，还可以根据身材数据为消费者提供远程服装定制服务。

除了 AR 虚拟试衣镜，很多企业也在店内引入了智能屏幕。智能屏幕可以自动识别每件服装上的 RFID（Radio Frequency Identification，无线射频识别技术）芯片，识别成功后，模特穿着对应衣服走秀的视频就会在屏幕上播放，消费者则可以通过观看视频想象自己穿上衣服的模样。

有了 RFID 等先进技术，企业还可以掌握某件衣服被拿起的次数、消费者试穿的时间、衣服是否被购买或回购等信息。通过对这些信息进行分析和处理，企业可以更深入地了解消费者，并根据消费者的反馈意见不断优化服务。

AR 虚拟试衣镜和智能屏幕提升的主要是消费者的线下体验，在新零售时代，线上体验也不能忽视。例如，为了让消费者更快、更安全地收到产品，企业可以在物流和仓储方面不断发力。京东就在全国范围内建设了 2000 多个云仓，仓储网络总管理面积已经超过3000 万平方米，同时还开发了智能管理系统，实现了货物管理和货物运输的自动化与智能化。

产品和服务带来的好口碑，让本来默默付出的企业迸发出更强大的生命力，也让消费者对企业产生了更浓厚的感情。企业虽然可以得益于此，但绝对不能止步于此。要想让好口碑长久地持续下去，必须敢于追求卓越，不断创新。企业在实现这样的愿景后，二次成交甚至多次成交都不再是梦，流量也将奔涌而来。

6.1.3 危难之中的守望相助，鸿星尔克的社会责任感

"因为自己淋过雨，所以总想替别人撑伞。"这是网友对鸿星尔克的评价，表达了他们心疼、关心鸿星尔克的情感。频繁登上热搜榜的鸿星尔克，因为一场大火又火了一把。原来在 2022 年 4 月，鸿星尔克的供应商鑫泰永升鞋业莆田的工厂突发大火，工厂里的基础设施和即将交付的货品全都付之一炬，现场一片狼藉，如图 6-3 所示。

图 6-3 大火现场

一夜之间,鑫泰永升鞋业面临的不仅是没有收益的问题,还有不能按时交货而要支付的巨额违约金。但作为"受害者"的鸿星尔克,不仅没有追究鑫泰永升鞋业的违约责任,还派人清理受灾工厂、慰问受灾人员,想尽办法帮助鑫泰永升鞋业渡过难关。

而且难得的是,鸿星尔克并未对自己的善举大肆宣扬,直到鑫泰永升鞋业的老板郑义在网上发布了给鸿星尔克的感谢信,网友才知道鸿星尔克做的这件好事。

感谢信的大致内容是:大火的来临让本就遭遇寒冬的鑫泰永升鞋业雪上加霜,十分感谢鸿星尔克能在这时对鑫泰永升鞋业施以援手。目前,鑫泰永升鞋业正在抓紧复工复产,争取早日恢复到以前的生产水平。这封感谢信言辞诚恳、真挚,让鸿星尔克和网友都深受感动。

感谢信发布后没多久,鸿星尔克就登上了热搜榜,网友纷纷在评论区表示要支持鸿星尔克,并赞扬鸿星尔克的责任心,为鸿星尔克点赞,如图6-4所示。

鸿星尔克的善举深深触动了网友的内心,加深了网友对鸿星尔克的认可和喜爱,也提升了鸿星尔克的口碑。同时,不少网友都对鸿星尔克的善举感到好奇,结果经过一番探查后发现,鸿星尔克在发展过程中经历过不少"灾难"。

2003年9月,鸿星尔克的仓库受到台风"杜鹃"的侵袭,9级的阵风和暴雨导致大量产品因为进水无法销售,生产设备和原材料也大多被水淹没,无法继续使用。

图6-4 网友的评论

2015年7月,鸿星尔克的工厂惨遭大火,这场大火持续了整整11个小时,鸿星尔克的很多产品都被烧毁,3栋厂房也只保留下来1栋。据不完全统计,这场大火让鸿星尔克直接亏损1亿多元。对当时的鸿星尔克来说,1亿多元无疑是一笔巨款。

正是这些经历成就了如今的鸿星尔克。它没有因为自己当初受过苦,就不帮助同样处在危难中的企业,反而极具社会责任感,一直力所能及地回馈社会。危难之后的守望相助让广大网友继2021年7月鸿星尔克驰援河南事件后,再次爱上了这家良心企业。

6.2 如何塑造企业口碑

在以消费者为中心的时代，消费者的话语权不断提升，有时一个简单的评论、一次漫不经心的回复、一条随意的社交动态，都会直接影响一家企业的生存和发展。正因为如此，现在很多企业都十分重视口碑的价值和作用，甚至制定了一系列口碑塑造方案，希望激发消费者正向的口碑传播，努力推动企业进入一个更辉煌的发展阶段。

6.2.1 情绪是口碑传播的助推剂

一位经济学家曾经假设消费者为完全理性的人，即消费者在购买产品时都会冷静地思考自己是否有需求，并希望在投入最少的情况下获得最多回报。但经过多次实验，这位经济学家发现，该假设很难成立，因为消费者在购物时通常是感性的。换言之，消费者在购买产品时虽然会考虑性价比，但仍然无法避免冲动购物的情况。所以企业不妨利用消费者的感性，对消费者进行情绪引导，想方设法调动消费者的情绪，让情绪成为口碑传播的助推剂。

第一，为情绪分类，抓住正向情绪。

情绪可以分为正向情绪和负向情绪，二者分别对应着不同心理状态，如表 6-1 所示。

表 6-1　正向情绪与负向情绪

正向情绪	敬畏、幽默、兴奋、惊喜、热爱、关心
负向情绪	生气、担忧、焦虑

企业可以通过为消费者提供超预期的额外服务和小礼品，创造"惊喜时刻"，与消费者建立紧密的情感连接。例如，服装企业可以给购买外套的消费者赠送项链、围巾等配饰，激发消费者的兴奋点和尖叫点，促使消费者主动为品牌做口碑传播。

第二，输出易于记忆的联想点。

单一的情绪刺激往往更容易被消费者记住，加深消费者的印象。如果产品与太多事物有联系，那么消费者对产品的记忆可能就没那么清晰。而企业一旦基于某个特点建立了容易被记忆的联想点，当消费者产生某个方面的需求时，就会有意或无意地联想到该品牌。例如，提到"氮科技"跑鞋就想到鸿星尔克，提到男装就想到海澜之家等。

第三，巧妙利用周围环境，刺激消费者。

提升产品在消费者身边出现的频率，可以加深消费者对产品的印象。例如，当在视频软件上看剧时，你可能会发现某个产品的广告会在视频开始、播放过程中甚至中途暂停的弹窗上频繁出现，于是你在潜移默化中记住了这个产品。这就是因为企业增加了产品出现在你身边的频率，加深了你对产品的记忆，让你不自觉地想去了解或购买产品。

口碑传播有没有效果，在很大程度上取决于消费者的情绪有没有得到正确的引导。消费者的心理状态好，情绪自然就高；心理状态不好，情绪就会很低落。企业应该多关注他们的情绪，依靠极致的产品和服务赢得他们的好感和信任。

6.2.2 话题越有"料"，口碑越好

口碑营销的实质是企业对注意力资源的抢夺，如果消费者不愿意将自己的注意力放到企业生产的产品上，那么该产品就会在激烈的市场竞争中沉寂下去，最终成为"废品"。为了避免这种现象，企业应该学会制造话题，借助话题吸引消费者的注意力。

话题的选择是有技巧的，成功的话题通常有以下特征，如图 6-5 所示。

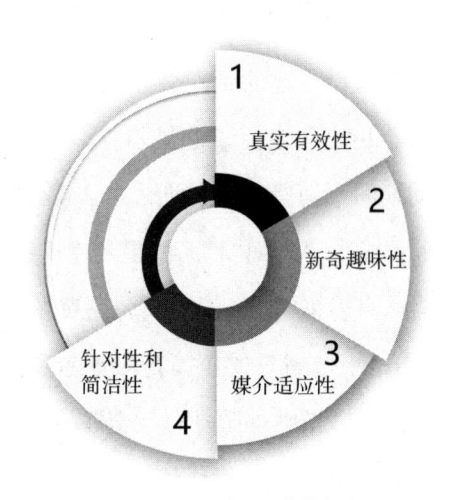

图 6-5　成功话题的特征

1. 真实有效性

1. 真实有效性

营销专家安迪·赛诺维兹（Andy Sernovitz）说过："我要特别强调，虚假陈述、欺骗欺诈及任何试图操纵消费者或控制口碑交谈的行为，都是道德败坏的行为。而且长此以往，也是不可能得逞

的。诚实的营销者现在不会这么做，以后也不会这么做。不诚实的营销者要是这么做，就会被抓住。"

现在消费者获取信息的渠道很多，他们往往只需要很短的时间，就可以鉴别信息的真假。如果企业做虚假宣传，例如，承诺消费者只要带话题在微博上宣传产品，就可以免费领取礼品，结果却不如实兑现，那么消费者很可能会传播企业的负面言论。这与企业最初的目的是背道而驰的，而且会对企业的口碑造成很大影响。

2. 新奇趣味性

新奇有趣的话题会让人感到愉快，也更容易吸引消费者的注意力。2022 年 7 月，鸿星尔克举办了"感恩成长日"主题活动，在活动期间，消费者可以通过线上渠道或线下渠道免费领取一份暖心的礼品——"小鸿帽"。鸿星尔克借助这种新奇的送福利方式感谢消费者一直以来的陪伴与支持，消费者也从中感受到了鸿星尔克的真诚。

"小鸿帽"的正面是鸿星尔克的 Logo，侧面则是一个造型独特的图案，图案外围是相互交握的手，中心是五角星，如图 6-6 所示。这种与众不同的设计体现了鸿星尔克的爱国精神，也突出了消费者与鸿星尔克一起成长的感情，让消费者感受到了一份特别的爱。

图 6-6 鸿星尔克"小鸿帽"

当时"小鸿帽"一经推出，就迅速成为出圈的爆款单品。消费者纷纷到门店排队打卡，领取"小鸿帽"，瞬间为门店增添了很多人气，如图6-7所示。

图6-7 消费者到门店领取"小鸿帽"

3.媒介适应性

互联网不断发展，企业的传播渠道越来越多，这意味着口碑传播将不再局限于口口相传，还可能通过广告、图文、短视频等渠道传播。这些渠道的功能和属性不同，传播效果也不同。企业可以选择在多个渠道发布话题，但需要根据各渠道的实际情况对传播信息进行二次加工处理。例如，抖音或微博上的传播信息以短视频为主，可以再搭配一些解释性的文案；公众号上的传播信息则以文字为主，可以适当搭配一些图片。

鸿星尔克曾经在微博上开展"感恩成长日"主题活动，该活动以一个制作精美的商业广告片为开篇，又搭配了文案"只要心中有光，美好总会和你不期而遇"。该微博引起了网友的共鸣，大家纷纷表示出对鸿星尔克的喜爱，评论区还出现了"尔克的以前我们来不及参与，以后我们陪你一起走，互相奔赴总会不期而遇"等感人话语，如图6-8所示。

图6-8 网友评论"感恩成长日"主题活动

4. 针对性和简洁性

话题应该有针对性和简洁性，即让消费者能迅速了解关键信息。鸿星尔克在微博上公布免费领取"爱心小鸿帽"的活动时，就直接把"克克给宝们准备了'爱心小鸿帽'全渠道可以免费领取哦"等信息展示出来，这样消费者可以立刻知道自己将获得哪些福利，如图 6-9 所示。

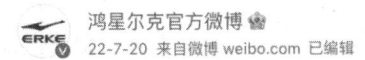

图 6-9 "爱心小鸿帽"活动信息

企业掌握了制造话题的秘诀，就可以获得更多曝光，在消费者心中留下深刻印象。但并不是任何话题都可以产生正向的传播效果，只有那些积极向上、能够释放正能量的话题，才能让消费者对产品产生更强烈的好感，才能帮助企业建立良好的口碑。

6.2.3 传播引发关注，关注激活价值

通常企业需要先进行口碑传播，让消费者知道有这样一家企

业，然后他们才会搜索相关信息和产品，从而激活口碑传播的价值。例如，小米就是通过向外传播口碑引发关注的。小米将自己的产品定位为"小米，为发烧而生"，利用这短短的一句话表明小米的主要受众是手机发烧友（对手机的熟悉程度达到很高程度的爱好者）。

同时小米使用了开放的手机系统，方便用户随时更新系统。而且为了迎合年轻一代的购物习惯，小米最初上市时主要采取线上销售模式，这种销售模式帮助小米降低了成本，使其产品所具备的高性价比特点深入人心，也让更多用户开始尝试使用其产品。

企业还可以借势传播，即寻找相应领域的名人帮助推广产品，依靠他们的知名度和影响力扩大产品的传播范围。他们因为才华或颜值被很多人喜爱，拥有大量高黏性粉丝，如果企业可以邀请他们推广产品，将吸引更多人购买产品。

因为一曲甜美清新的《爱你》而在《乘风破浪的姐姐第三季》出圈的王心凌曾经在微博上晒出自己穿着鸿星尔克产品的照片。与很多明星动辄数万元的服装穿搭相比，王心凌穿的鸿星尔克的"甜心T""零感裤""面包鞋"价格都很亲民。

王心凌的这条动态发布后，其同款产品立刻成为爆款，甚至还有网友到吴荣照总裁的个人微博底下评论"是时候跳一个《爱你》回应一下心凌姐姐了"，并喊话吴总邀请王心凌为鸿星尔克代言。对此，吴总则打趣般地回复道："正在凑铜板。"

当时很多消费者专门去询问鸿星尔克官方旗舰店的客服还有没有王心凌同款产品，而客服也很贴心地将这些产品的购买链接整理到一起发给消费者。引发野性消费的鸿星尔克搭配翻红后热度极高的王心凌，可谓强强联合。

企业与名人的合作是互惠互利的。前者有资金和产品，后者则有影响力和粉丝基础，两者紧密合作，彼此的优势得到互补，有利于企业扩大产品的传播范围，促进口碑建设与优化。

同时，企业还可以通过承担社会责任引发消费者关注。例如，之前讲到的鸿星尔克对遭遇连续性暴雨的河南施以援手的善举就体现了鸿星尔克极高的社会责任感。消费者对这类于社会有益的善举是非常愿意向外传播的，所以捐款事件的发生让鸿星尔克的热度暴增，也让越来越多的消费者开始关注鸿星尔克这家良心企业。

在当下这个信息繁多的时代，缺乏关注的企业很难做出成绩。企业只有使用一些方法让消费者关注到自己和自己的产品，才能进一步扩大影响力并提升口碑。

6.3 发展粉丝经济

张嫱在其著作《粉丝力量大》中是这样定义粉丝经济的："粉丝经济以情绪资本为核心，以粉丝社区为营销手段增值情绪资本。粉丝经济以消费者为主角，由消费者主导营销手段，从消费者的情感出发，企业借力使力，达到为品牌与偶像增值情绪资本的目的。"企业发展粉丝经济，可以提升消费者对产品的喜爱度，进一步推动产品销售。

6.3.1　整合资源，实现突破性涨粉

整合资源是指企业将分散的资源通过某种方式聚集起来，以达到资源互补的效果。把这项工作做好，可以吸引更多消费者购买产品，使企业实现突破性涨粉。

资源整合主要分为4个阶段：初级阶段、中级阶段、高级阶段、顶级阶段。

（1）初级阶段是"1+1=2"的阶段，主要就是企业利用彼此的资源盈利，但通常不会产生其他额外收益。

（2）中级阶段是"1+1>2"的阶段。在这个阶段，企业之间除了利用彼此的资源，还会交换提升收益的方法，从而促进彼此之间共同进步。

（3）高级阶段是"1+1=11"的阶段，这一阶段的企业不再局限于当前收益，而是将目光放得更长远，追求一种更深层次的资源整合，让资源再生，实现长期回报。

（4）顶级阶段是"1+1=王"的阶段。在这个阶段，资源被整合后，企业之间会达成一种相辅相成的状态。它们可以共同发展，实现利益最大化。

鸿星尔克为了提升自己的竞争力，积极进行资源整合，并借鉴国际知名品牌的先进经验，总结出"精品渠道网络"战略。在该战

略的指导下，鸿星尔克走"贵精不贵多"的路线，将重点放在自己比较稀缺的资源上。

一方面，鸿星尔克在我国各大城市的繁华商业街区开设大量门店，这些门店相当于鸿星尔克的"奇兵"，可以在鸿星尔克面临激烈竞争时强势出击；另一方面，鸿星尔克与供应商、代理商等上下游企业达成长期、稳定的战略合作关系，将自己的利益与上下游企业的利益直接挂钩，这样上下游企业就可以成为鸿星尔克市场之战中的强大"坚兵"。

"奇兵＋坚兵"模式帮助鸿星尔克建立了完善的精品渠道网络，使鸿星尔克能够在更短的时间内完成销售任务，同时提升了鸿星尔克的形象，加速了鸿星尔克的品牌突围进程。

蒙牛也依靠资源整合获得了迅猛发展。在创立初期，蒙牛没有像其他企业一样，先建设产房、生产产品，再去向消费者宣传以扩大知名度、抢占市场份额，而是先在各渠道投放广告，让消费者知道蒙牛这个品牌，再去建设工厂。

蒙牛以资源整合的模式，完成了生产运输建设，即通过承包、委托、租赁等方法让其他企业帮忙解决了生产运输难题。例如，蒙牛与个体户合作购买运输车辆，与银行合作解决资金问题，与信用社合作解决生产力——牛的问题。在各方资源的支持下，蒙牛被更多消费者知道，实现了突破性涨粉。

比尔·盖茨曾经说："永远不要靠自己一个人花100%的力量，而要靠100个人每个人花1%的力量。"哲学家叔本华也说："单个的人是软弱无力的。"企业应该学会整合资源，发挥各方优势，借助外部力量让自己获得更好、更长久的发展。

6.3.2 如何进行粉丝价值变现

营销界一直流行这样一句话："得粉丝者得天下。"粉丝对于企业来说，真的那么重要吗？现在有些企业很"佛系"，觉得只要认真打磨产品就够了，至于粉丝有多少，则一切随缘，其实这种想法不完全正确。当然我们不能否认，推出高质量、高性价比的产品是一门必修课，但精准地吸粉、固粉，才可以最大化地将粉丝价值变现。

粉丝价值变现指的是当粉丝达到一定数量后，企业可以通过一些方法将粉丝价值变成资源，获得更多收益。要进行粉丝价值变现，吸引和聚集粉丝是首要任务。

关键点1：在多个渠道做宣传

在互联网时代，粉丝获取信息的渠道很多。但他们一般不会花时间和精力去了解每个渠道，而是只关注自己喜欢的几个渠道。这就要求企业要分析他们的偏好和行为习惯，在他们经常活跃的几个渠道开通官方账号，精准投放广告和内容，让他们能更深入地了解品牌。

如果没有找对渠道，例如，粉丝在小红书上比较活跃，企业却选择在抖音上进行广告和内容投放，那么这无疑是人力、物力、财力的多重浪费。

关键点2：在社交媒体上与粉丝互动

将粉丝吸引过来并聚集在一起后，企业应该借助社交媒体定期与粉丝互动。例如，开展微博抽奖活动，参与抖音话题互动活动等，这样有利于增强粉丝黏性，建立品牌信誉。

随着宣传力度的加大和互动的深入，粉丝规模将不断扩大，此时企业可以通过以下 3 种方法进行粉丝价值变现。

方法 1：广告变现

就像在电视上看到的广告一样，企业可以将广告投放在粉丝聚集的渠道中。例如，投放在粉丝喜欢的公众号文章底部；投放在电梯中，包括张贴海报广告和直接在电梯屏幕上播放视频广告等；投放在微博、小红书、抖音等平台上。广告一直存在于粉丝周围，只要他们轻轻地点击一下，就能直接跳转到购买页面购买企业的产品。

方法 2：带货变现

带货对于大多数企业来说并不陌生。喜欢看直播的人经常会听到这些话："我的直播间，产品绝对超低价""旗舰店卖 199 元的产品，今天只要 109 元，来，上链接"。主播依靠自带的或企业给的巨大流量，吸引粉丝到直播间，为粉丝安利产品，帮助企业带货。通过主播在直播间卖力地表演和宣传，企业可以销售更多产品，获得更丰厚的收益。

方法 3：内容付费变现

之前，免费共享内容是互联网的常态，但随着粉丝对优质内容、精神满足的需求越来越强烈，内容付费（也称知识付费）逐渐成为一个不容忽视的变现方法。企业可以在今日头条、知乎等平台开设付费专栏，为粉丝解疑答惑，获取一定的收益。企业也可以偶尔进行付费直播，但直播内容一定要有价值，不能只是单纯地带货,否则会起到反作用。

在产品和品牌越来越饱和的时代,粉丝的话语权不断增强,这为企业提出了极具挑战性的营销考验。根据不同渠道的特点和粉丝的需求,孵化优质、有价值的宣传内容,创造有利益刺激点的互动,可以最大化地发挥粉丝价值,为企业赢得好口碑。

第7章

品牌年轻化：
打造全新品牌 IP

品牌年轻化是营销界的流行概念之一，但作为营销者，不能只盲从于流行概念，而应该理性分析其流行原因及其背后的可行性操作。现在关于品牌年轻化的方法论不少，也出现了鸿星尔克、李宁等比较成功的案例。不过很多企业虽然在强调品牌年轻化，但它们所采取的策略无法深入到年轻人当中，而且会过度消耗品牌已有的能量。对于企业来说，了解品牌为什么要年轻化，以及如何实现品牌年轻化，才是重中之重。

7.1 90后成为消费主体,品牌急需年轻化

时代变了,一些传统品牌因为跟不上潮流而遗憾退场,这背后似乎映射着"没有人会永远年轻,但永远有人正年轻"的经典规律。我们不得不承认,那些被年轻人追捧的企业在新零售时代确实享受到了红利,这也是大家乐此不疲地走品牌年轻化之路的关键原因之一。

所以为了不被时代淘汰,企业应该接近90后、95后、00后等年轻消费群体,和他们做朋友,加入他们的圈子,了解他们的兴趣,并让他们明白,你懂他们。

7.1.1 所有品牌都需要年轻化吗

近几年,品牌年轻化已经成为营销界争相讨论的话题,甚至不少企业都认为它是解决品牌发展问题的万能答案。在消费不断升级的时代,这种想法未免失之偏颇。如果企业面临的主要消费群体并非年轻人,那么就无须向年轻化转型。但如果企业的消费群体结构已经老化,品牌也逐渐失去消费增量,那么进行品牌年轻化改造就很有必要。

目前竞争比较激烈的服装、日化、美妆、零食、饮料等领域的企业似乎更有品牌年轻化的需求。为了迎合当下主流消费群体的偏好，提升自己的影响力和竞争力，它们也确实在努力地进行品牌年轻化改造。以一直在智能手机领域深耕的努比亚为例，在 95 后、00 后成为最新的主流消费群体后，努比亚积极挖掘他们的需求，致力于生产他们喜欢的产品。努比亚瞄准了深受年轻人喜欢的动漫 IP，希望借助这股文化潮流抓住 Z 世代的心，突破次元壁，让自己顺利出圈。努比亚曾经与"国漫之光"《一人之下》跨界合作，一起推出 nubia Z40 Pro——一人之下限定版联名产品。产品的高颜值、高性价比、年轻化等优势，助力努比亚掀起了一阵抢购浪潮，努比亚也借助产品吸引了一大批二次元粉丝。

《一人之下》作为一部以"异人"为题材的东方玄幻动漫，包容度很高，而且自带热血、硬核、治愈、悬疑等特点。作者以生动的语言和精致的画面搭建出一个以"炁"为核心能量的奇幻世界，这种能量赋予角色们异乎寻常的能力。而他们也在各自的冒险旅途中不断发现自我，获得成长。《一人之下》鼓励年轻人拼尽全力，不要被困难打倒，争取在平凡的生活中展现自己的不平凡。这种精神与努比亚的价值观"Be Yourself"（做自己）十分契合，所以二者的合作才会如此成功。

为了更好地宣传国漫文化，努比亚以《一人之下》的故事背景为核心，沿用原著中"'哪都通'快递公司"的情节，将产品主题定为"寻找'NO.8 临时工'"。其从套装礼盒、手机外壳、充电装置、取卡针、挂绳到手机桌面、图标、动画效果等，无一不展现该动漫六大人物的形象与特色。这次深度还原为努比亚带来了巨大流量，拉近了努比亚与粉丝之间的距离。

通过出色的产品引发关注，再借助深度还原的产品故事与粉丝互动，创造极致体验，有利于激发粉丝的惊喜情绪，为产品造势，也可以进一步强化粉丝对产品的认同感，刷新粉丝对努比亚的认知，推动产品销量不断增长，可谓一举多得。

随着经济和时代的发展，企业需要求新、求变，与主流消费群体形成理念共振，借助品牌年轻化改造，巩固自己的地位和影响力，谋求健康、长久的生存与发展。

7.1.2　时代更迭，年轻人占据市场

收入的提升让消费者的消费理念和价值观发生了变化，企业一直心心念念的新零售时代也如约而至。在新零售时代，小资情调型、个性前卫型、时尚理性型的年轻人开始占据市场，一跃成为规模最大的主流消费群体，并深刻影响着企业的发展战略和营销方案。

小资情调型消费群体的年龄在 25～45 岁，大多是已婚状态，有良好的教育背景，主要在一二线城市生活，收入中等偏上。他们容易接受新鲜事物，喜欢有趣、创意满满的消费体验和极具个性化的服务。在大多数情况下，他们追求生活质量，倾向于购买新潮、有档次、高性价比的产品，同时希望与企业建立和谐的交易关系。所以他们对一些重视设计、追求时尚、质量优先的国货品牌会有更强烈的好感。

个性前卫型消费群体的收入大多为中等以上水平，他们主要在一二线城市生活，当然也有一些三四线城市中的小镇青年。他们可能是时尚产业的自由职业者，长期走在潮流前沿，喜欢追求与众不同的感觉，通常不太关心产品的价格。他们容易被时尚的设计、与众不同的外观、独特的消费体验所吸引，更偏爱新潮、有个性的国货品牌。

时尚理性型消费群体通常为工薪阶层，收入中等，可能是个体从业者等。他们重视性价比，不需要产品有多么新潮，而是希望产品可以体现一种独特的气质和品位。他们往往更喜欢主打性价比的国货品牌，如鸿星尔克、特步等。

作为电动车行业的国货代表，雅迪积极破圈，努力实现年轻化转型，让雅迪电动车成为95后、00后绿色出行的第一选择。一方面，雅迪不断进行产品迭代。其新款产品"冠能3代S9 MAX版"采用简约流线型设计，在黑色、银色外壳上加入橙色线条，提升美感。同时，该产品配备语音交互、智能休眠、NFC（Near Field Communication，近场通讯）解锁等功能，兼具时尚感与科技感。

另一方面，雅迪积极布局线上、线下双赛道。在线上层面，雅迪与国产综艺节目《这！就是街舞5》合作，邀请参赛选手周钰翔、仔仔、豆豆等人成为"雅迪超长排面官"，为雅迪代言，吸引更多节目粉丝关注雅迪，选择雅迪。不仅如此，雅迪还与综艺节目《极限挑战》、影视剧《鬼吹灯之昆仑神宫》合作，让更多年轻观众认可雅迪。

在线下层面，雅迪与网易云音乐合作，举办"雅迪第六届717

骑行节",将音乐与骑行相结合,让电动骑行文化更加丰富多彩。由此可见,雅迪积极融入年轻群体,将街舞、音乐等潮流文化与装备新科技的产品相结合,与年轻消费者建立情感连接,扩大品牌影响力。

无论承认与否,年轻人成为主流消费群体已经成为现实。而且在未来很长一段时间内,他们的主导地位不会受到很大威胁。同时,他们也将带领下一代群体引爆新消费市场。而企业需要做的就是顺势和升级,举全团队之力打造强势国货品牌,攫取新消费时代的红利。

7.1.3 科技迅猛发展,新兴渠道大受欢迎

国家统计局发布的数据显示,2022年,在社会消费品零售额同比下降0.2%的情况下,我国网上零售额高达13.79万亿元,同比增长4%。一直以来,网上渠道因为可以满足消费者足不出户就能完成购物的需求而深受欢迎。但时代在发展,科技在进步,消费者的需求越来越多元化,单一的网上渠道为其带来的满足感明显不足。

于是,为了弥补网上渠道的缺陷,一些新兴渠道开始兴起,逐渐占据年轻人的生活。例如,小红书依靠"社区+电商"模式已经成为年轻人种草、购物的渠道。大家可以在小红书上分享自己对产品的看法,以及使用产品后的感受,为其他人选择和购买产品提供一定的依据。

小红书采取了年轻人喜爱的购物分享运营战略,调动年轻人在

社区分享心得体会的积极性，成为年轻人推崇的一个重要消费决策平台。此外，小红书还引进了众多海内外知名品牌，为消费者提供正品保障，使消费者在被种草的同时可以直接购买到正品货物。

再如，得物 App 是集潮流生活分享、潮流产品鉴别、正品潮流装备销售于一体的新兴电商社区。Quest Mobile 提供的数据显示，在其他电商平台销售业绩不太理想的情况下，得物 App 平均日活跃用户量依然保持增长状态，单月交易额纪录更是不断被刷新。

得物 App 重视以 90 后、95 后为代表的年轻消费群体，致力于帮助他们了解潮流生活，并不断引进影响力极强的知名潮流品牌。得物 App 首创的"先鉴别、后发货"的购物流程赢得了消费者的信赖，为消费者提供了一个更安心的网上购物环境，成为消费者购买潮流产品的首选渠道之一。

之前某消费者就在小红书上分享自己通过得物 App 购买鸿星尔克产品的经历，言辞之间尽显她对得物 App 的认可和支持，也体现了她对鸿星尔克产品的高满意度。

另外还有一个极具潜力和"钱"力的新兴渠道——直播电商。在 2022 年的"6·18"购物节期间，直播电商销售额增长 124.1%，成绩十分亮眼。

2023 年 9 月，老牌国货蜂花又一次抓住了互联网热点，在抖音店铺推出 3 款 79 元洗护套餐，并在直播间配文"不管工资涨没涨，反正蜂花没涨价"，引发网友讨论。近年来，蜂花坚持"去打品牌能打的阵地"，积极布局直播赛道。在蜂花的直播间里，没有头部主播和流量明星，素人主播在耐心解答产品问题之余，也大方回应

"捡箱子""捡粉丝"等蜂花"热梗"。蜂花的直播风格就像其产品一样朴实。靠着品质过硬、性价比高的产品与直播间内适度的情绪营销，蜂花再一次站上流量高地，提升了品牌知名度与影响力。

现在很多企业因为在研发的道路上耽误了太久，以至于无法了解消费者的想法和需求。所以从某种程度上来说，新兴渠道的最大作用可能不是扩大销售范围，而是让这些企业有机会与消费者近距离接触，帮助这些企业跟上时代潮流，尽快完成年轻化转型。

7.2 品牌年轻化策略

鸿星尔克的爆红，让企业看到了年轻消费市场的巨大潜力，这种潜力不仅体现在销售方面，也体现在产品推广和品牌传播方面。现在年轻人已经成为当之无愧的消费主力军，也是热门话题的主导者。正所谓"得年轻人者得天下"，面对着正值青春、活力满满的消费者，国货企业必须有一套自己的品牌年轻化策略，如此方可一扫疲态，牢牢抓住年轻消费市场。

7.2.1 真实性：始终遵循品牌 DNA

有调查显示，大约十分之九的消费者愿意采取行动宣传企业的真实性，如向亲朋好友推荐该企业、承诺忠诚于该企业等。这种真实性是消费者内心的投射，可以让他们对企业产生一种认同感，引导他们主动帮助企业做推广。

无论在生活和工作中，还是在消费过程中，真实性都是年轻人十分重视的特质。尤其在体验经济时代到来后，真实性更是被推到一个前所未有的高度，甚至已经成为年轻人进行消费决策的重要依据。从企业的角度来看，真实性有两层含义：对自己真实，对消费者真实。

对自己真实需要企业始终遵循品牌 DNA，将自己一直推崇的核心理念和价值观与产品研发、营销推广等工作融合在一起；对消费者真实意味着企业必须坚持开放和透明的发展原则，积极听取消费者的意见和建议，不刻意回避负面评价。

国货企业应该如何打造可以被感知的真实性呢？

第一，善于利用故事做营销。

这里的营销不是指传播企业自己的故事，而是从生活场景入手，挖掘消费者与企业之间的故事。企业可以通过发放福利等方式鼓励消费者将故事讲述出来并发布在社交平台上，再对这些故事进行宣传和推广，最终达到让消费者帮助品牌背书的效果。

第二，制定价值共创战略。

年轻人的创作能力强，对他们来说，创作是实现个人价值的途径，也是一种全新的社交方式。企业可以借助他们的创作能力，邀请他们参与品牌建设、产品研发、营销方案制定等工作。在此过程中，企业需要和他们互动、沟通，让他们充分感受到诚意。

例如，在产品研发前期，企业可以对消费者进行调研，根据调研结果绘制消费者画像，明确产品与品牌定位，鼓励消费者为产品功能、包装设计等提建议。当初代产品生产出来后，企业可以邀请参与创作的消费者亲自体验产品，反馈产品问题。与此同时，企业还可以根据消费者提出的建议对产品进行改进和优化，给予消费者满满的成就感和荣誉感。

第三，始终坚持国货品牌初心。

很多企业的成立，是市场驱动的结果，并不具备明确的品牌初心。企业如果有一直坚持的初心，并始终围绕愿景和使命进行产品研发，那么就可以向消费者传递一种真实感。但坚持初心不意味着重复过去，而是在创新中不断落实品牌DNA，巩固品牌根基。

真实性是企业提升竞争力的关键。不论在何种市场中，竞争都是一直存在的，企业要想超越对手，发扬品牌优势，让自己立于不败之地，就必须重视真实性并让消费者感知到这种真实性。因为这种真实性在短时间内是难以被模仿的，有利于帮助企业成为行业佼佼者。

7.2.2 酷感：高颜值的外在和有趣的内在

很多人可能都思考过一个问题：高颜值的外在和有趣的内在，究竟哪个更重要？贪心的人会觉得二者都重要，毕竟颜值高的外在可以赏心悦目，有趣的内在则可以传递快乐。现在该问题甚至已经被消费者带入消费过程中，对他们来说，集高颜值的外在和有趣的内在于一身的酷感十足的产品，似乎有更强的吸引力。

1. 高颜值的外在

现在有一句流行语："颜值即正义"，如果将这句话运用到营销界，那么其含义就是吸引年轻人的产品往往具备较高的颜值。的确，高颜值的产品更容易脱颖而出，也更能被消费者一眼注意到。所以很多企业都在颜值上下足了功夫，希望给消费者更多惊喜。

2022年9月，鸿星尔克携手一众新生代设计师，举办了"星创·中国鸿"服装秀。此次服装秀让鸿星尔克实现了华丽转身和强势蜕变，帮助鸿星尔克完成了风格化、年轻化、极具辨识度的产品战略布局。通过此次服装秀，消费者充分认识到了鸿星尔克的设计理念和品牌内涵，也感知到了鸿星尔克的时尚属性，大大提升了鸿星尔克的品牌声量和美誉度。

"星创·中国鸿"服装秀由"鸿星破晓""鸿雁传书""惊鸿而出""鸿耀中国"四大篇章组成，体现了鸿星尔克对传统文化的挖掘、传承、创新，以及鸿星尔克的文化自信。这四大篇章分别对应着不同设计师设计的产品，但无一例外，产品都具备高颜值。

"鸿星破晓"篇章的设计师将传统文化与时尚运动融合在一起，从图案、元素、颜色、版型等方面入手，赋予产品更深厚的文化底蕴与更显著的时尚属性；"鸿雁传书"系列产品的灵感源于我国的青绿山水画；"惊鸿而出"系列产品选择了运动感与视觉冲击感兼具的颜色，包括金属色、荧光色等；"鸿耀中国"系列产品以红星与中国红为主要元素，表达了鸿星尔克的爱国情怀，也体现了鸿星尔克极强的社会责任感。

鸿星尔克的服装秀在传承传统文化的同时，也十分重视服装的功能性。为此，鸿星尔克在产品中加入了很多先进科技，如立型科技、防护科技、暖绒科技等，实现了时尚设计和科技赋能的巧妙融合，与新一代年轻人的创新力与独特审美高度相符。服装秀现场的照片发布到网上后，网友纷纷点赞，并在评论区夸奖鸿星尔克，如图 7-1 所示。

图 7-1　网友夸奖鸿星尔克

2. 有趣的内在

除了外在的颜值，有趣的内在也是年轻消费群体选择品牌或产品的主要依据之一。有趣的产品往往能够丰富年轻人的生活，增添年轻人的乐趣，给年轻人带来更新奇的体验。

2022 年，国货食品企业白象在长沙搭建"泡面工厂"主题店铺，吸引众多消费者到现场拍照打卡。在主题店中，白象为其系列产品"汤好喝""大辣娇"分别设置主题区域。"汤好喝"区域以黄色、棕色为主色调，配以巨大的"高汤面"模型。"大辣娇"区域采用红黑撞色设计，为消费者带来视觉冲击，强化产品"辣"这一属性。

不仅如此，店内还设置了"白象历史馆"，为大家讲述白象的发展历程；"泡面长廊"为大家展示白象方便面的制作全流程。消费者还可以深度参与"泡面DIY"环节，以及挑选玩偶、上衣、挎包等品牌周边。既能吃又能玩的线下主题店，迎合了当代年轻人的娱乐方式，给消费者带来了更优质的产品体验和更新奇的游戏场景。

高颜值的外在和有趣的内在共同形成了酷感，而酷感作为年轻人的主流生活风格之一，已经受到越来越多企业的重视。国货企业将酷感作为产品设计元素，更容易激发年轻人的消费欲望，为自己带来更多意想不到的年轻化突破。

7.2.3 差异性：拥有独特的销售主张

营销界的人一定听说过 USP（Unique Selling Proposition，独特的销售主张）理论，现在该理论已经被认为是打造差异性的必备工具之一。在借助 USP 理论打造差异性的过程中，考虑当代年轻人的消费理念，迎合品牌年轻化的发展趋势是首要任务。

根据市场调查，目前年轻人比较认可的消费理念有两个：国潮、绿色环保。

1. 国潮

新华网联合得物 App 发布的《国潮品牌年轻消费洞察报告》显示，近 10 年，国潮搜索热度增长超过 5 倍，年轻的 90 后、95 后、00 后贡献了 70% 以上的国潮消费。他们越来越钟情于融合了国潮元素的产品，已经成为国潮消费中不可小觑的主力消费群体。

国潮即"中国＋潮流"，它既可以是体现传统文化的复古国风，也可以是展现国际潮流的创新国风。中国元素在传统与现代的碰撞中巧妙融合，形成了一种新时尚。在国潮的推动下，不仅国潮品牌纷纷爆红，其他领域的国货品牌也逐渐被年轻人接受和喜爱。例如，李宁、鸿星尔克等国潮品牌受到年轻人的追捧，一些中华老字号也因为推出了国潮产品而受到越来越多消费者的青睐。这看似是一种偶然的社会现象，其实是国货品牌年轻化的必然结果。

2022 年 9 月，顺丰同城在深圳举办了以"城·就不凡"为主题的第四届"917 骑士节"活动，同时推出了与鸿星尔克携手打造的 2023 年联名概念款工服，如图 7-2 所示。与普通工服相比，概念款工服集舒适、时尚、功能性于一体，兼顾了国货的实

图 7-2　顺丰同城 x 鸿星尔克 2023 年联名概念款工服

用主义和时尚潮流设计，可以让快递员的穿着体验更好。

鸿星尔克在设计概念款工服时，以"诚心诚信·城市之星"为主题，融合了极具美感的国潮元素，展现了沉稳大气、干净清爽、低调轻奢的时尚风采。穿上这款工服，快递员的精神面貌将被展现得淋漓尽致，城市中也会多了一抹亮眼、出彩的"中国红"。

考虑到女快递员对安全、健康的需求，鸿星尔克还专门设计了适合女快递员穿的产品，打造了业内首款女"骑士"专属定制工服。该工服的设计高度贴合女士体型，把实用主义和时尚潮流完美地融合在一起，使女快递员在送货时也能展现飒爽身姿，彰显新时代女性力量。

国潮产品凭借个性、极具辨识度的设计引爆时尚圈，被年轻人追捧。以鸿星尔克为代表的国货企业积极探索国潮趋势，为服装行业带来了不俗的成绩。未来，国货企业应该保持自己的设计风格和设计理念，让世界看到极具中华民族特色的高质量国潮产品。

2. 绿色环保

CBN Data 提供的消费数据显示，近几年，绿色环保消费持续增长，其中尤以年轻消费群体对其消费偏好度最高。国产潮牌玩药局就推出过环保主题的塑料袋印花 T 恤，安踏也推出过使用了可降解革料、可回收 TPU、可回收的飞织网等环保材料的霸道系列环保主题款产品。

在绿色环保方面，鸿星尔克当然也不甘落后。鸿星尔克曾经与新材料品牌绿谷合作，将绿谷旗下的环保弹性卷材用于门店建设。

这种材料不仅质量有保障，而且无毒无害，十分环保。鸿星尔克采取了统一的视觉风格设计，打造了优秀的门店形象，如图7-3所示。

图7-3　鸿星尔克门店的环保弹性卷材

其实鸿星尔克在自己还是小型代工厂时，就开发了环保水性胶。近几年，随着年轻人对绿色环保产品的需求越来越强烈，鸿星尔克又加强了分布式光伏、可再生材料、可降解材料，以及咖啡渣、玉米秆等生物型材料的开发与应用。另外，鸿星尔克在产品中加入了以回收塑料瓶为原料的纤维，未来还将推出一款融合了板蓝根纤维的产品，以推动节能减排目标的实现。

新时代年轻人虽然重视国潮和绿色环保，但他们在消费时也会保持一定的理性，不会仅仅因为某家企业的产品使用了国潮设计或绿色环保理念而盲目购买。可见，产品吸引年轻人是有前提的，那就是质量必须足够好，功能、设计、价格、外观等方面也要到位。

7.3 "品牌+"战略，跨界玩出新花样

牛顿曾经说："我能看得远，是因为我站在了巨人的肩膀上。"与其他企业合作做跨界营销，就是站在"巨人的肩膀上"，让自己看得更远、走得更稳。很多营销者认为，在所有营销打法中，跨界营销属于王者级别的打法，毕竟这种打法可以创造一个双赢局面。我也支持国货企业做跨界营销，借助双方的力量，帮助彼此走出"中年危机"，赢得年轻人的心。

7.3.1 品牌+产品：鸿星尔克 × 小度科技感智能健身

如今，为了寻找新增量，很多国货品牌都把目光投向友商，借助跨界打法推陈出新，形成"1+1>2"的效果。例如，鸿星尔克与小度（百度旗下的智能助手）合作，以跳绳这一国民运动为基础，进行消费场景重构。鸿星尔克为多家门店引进了小度添添智能健身镜，每一位到门店购物的消费者在消费之余，都可以穿着高弹跳绳鞋在小度添添智能健身镜前亲身体验"AI跳绳健身课"，如图7-4所示。这样不仅可以让消费者充分体验高弹跳绳鞋的舒适性，还很好地为门店增加了客流量，推动门店的销售业绩不断攀升。

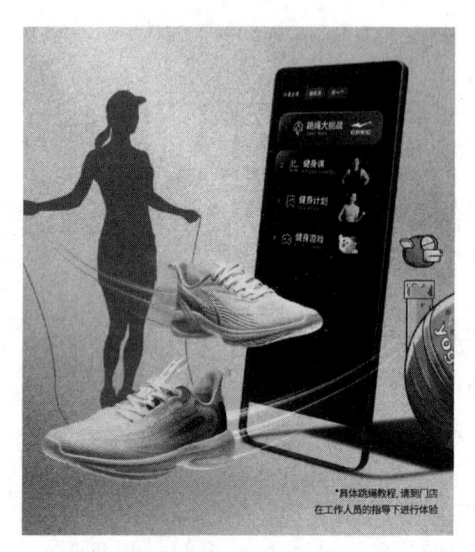

图 7-4 高弹跳绳鞋与"AI 跳绳健身课"

鸿星尔克的这次联名活动源于社会的推动。2022 年北京冬奥会结束后不久，全民运动热情居高不下，加之年初"刘畊宏女孩"这一标签的爆红，让居家健身成为当下潮流。鸿星尔克抓住这一契机，积极推动品牌升级与创新。

鸿星尔克借助小度添添智能健身镜，打造沉浸式购物体验，让线下购物和运动健身这两件看似不相关的事情产生了交集。与此同时，小度添添智能健身镜还延伸出新场景——"AI 健身房"。"AI 健身房"集科技感与新鲜感于一体，高颜值的教练、有趣的健身课、动感十足的体感游戏，每个元素都吸睛效果十足，让路过的消费者忍不住到门店尝试一番。

小度添添智能健身镜让消费过程变得有趣。以购买运动鞋为例，之前的消费过程是"选品－试鞋－结账"，有了小度添添智能健身镜后，消费过程就变成"选品－试鞋－上跳绳课－结账"。完成一节跳绳课后，消费者不仅亲身体验了运动鞋的质量与上脚感受，还能获得小度添添智能健身镜给予的卡路里消耗数，可谓成就感满满。

智能健身产品与传统运动品牌的跨界合作取得了非常不错的成绩。一方面，小度添添智能健身镜让鸿星尔克的线下购物场景更丰富，增加了传统运动品牌的科技感；另一方面，鸿星尔克帮助小度实现了精准获客与营销，推动了小度添添智能健身镜的广泛使用。

很多消费者的健身之旅都是从购买运动装备开始的，当他们到鸿星尔克消费，并在消费过程中邂逅运动"神装备"小度添添智能健身镜时，就更容易产生消费冲动。此外，线下场景还会产生带动作用，消费者越聚越多，效果也越来越明显。

除了商业效应，鸿星尔克和小度的跨界合作还有一定的社会意义。每当一种新生活方式出现时，总有一部分人勇于尝试，而另一部分人选择观望。在全民"健身热"持续升温的时代，鸿星尔克和小度的跨界合作，为想尝试健身但一直犹豫的人做了一个很好的示范，让他们知道了原来健身可以这么简单、有趣，从而坚定他们走上健身之路的决心。

鸿星尔克和小度紧密合作，将"衣"与"动"两个场景打通，为其他国货企业的跨界打法提供了新思路。鸿星尔克把小度添添智能健身镜带入消费圈，契合了当下健身新风潮。与此同时，小度也为鸿星尔克贴上了科技健身的标签，加速其品牌升级与创新进程。

7.3.2 品牌+IP：鸿星尔克 × 王者荣耀虎年限定系列

前文介绍了鸿星尔克与《王者荣耀》在2022年12月携手推出了联名限定产品——"枫叶鞋"。其实早在2022年伊始，这两个深受年轻人喜欢的国货品牌就已经合作过了。它们共同打造了虎年限定系列产品，当时鸿星尔克还在微博上发起了抽奖活动为产品造势，如图7-5所示。

设计虎年限定系列产品的设计师们起初丝毫没有头绪，后来他们从《王者荣耀》推出的孙膑虎年限定皮肤中找到了灵感。他们将国风美学与运动设计相融合，以国潮元素为设计核心，让这款产品有了极具吸引力的高颜值，而且定价也很合理，只要499元，如图7-6所示。

图 7-5　鸿星尔克发起微博抽奖活动　　　　图 7-6　虎年限定系列产品

虎年限定系列产品用红、黄、橙三种颜色相互搭配，有事业兴旺发达、生活红红火火的寓意，并加入了刺绣、祥云纹等传统元素，展现了中华民族的文化之美。鞋身上电镀刺绣虎头，使用了混色织带装饰仿铜感虎头扣，看起来十分神气；鞋眼处选择半透明虎纹 TPU，给消费者一种青春、俏皮的感觉；鞋后跟的提拉织带上印有"如虎"和"添翼"字样，与侧面的火焰毛巾绣和翅膀电绣革片相互呼应；鞋底使用高弹材料和海绵垫，缓震舒适，脚感更佳。

除了鸿星尔克主打的虎年限定系列产品，《王者荣耀》也推出了孙膑虎年限定皮肤，并将其命名为"寅虎·展翼"。"寅虎·展翼"代表虎之气，象征着如虎添翼。在《王者荣耀》中，孙膑以一头酷炫白发的形象亮相，服装的整体风格则以国潮运动风为主。他的腰上绑了一个虎头扣，翅膀呈火焰形状，与鸿星尔克的虎年限定系列产品的外观高度契合。

鸿星尔克与《王者荣耀》之所以会跨界合作，主要与网友的留言有关。在鸿星尔克因为河南捐款事件受到广泛关注之际，网友除了称赞鸿星尔克是一家良心企业，还提出了一些非常中肯的发展建议。当时很多喜欢《王者荣耀》的网友在评论区讨论起了鸿星尔克与《王者荣耀》联名的可能性，而鸿星尔克敏锐地捕捉到了这一点，促成了此次合作。

《王者荣耀》和鸿星尔克，一个是流行多年的头部游戏 IP，一个是让消费者自愿"野性消费"，强势出圈的运动品牌，二者强强联手，引爆了年轻消费市场，创造了营销奇迹。

7.3.3　品牌 + 品牌：鸿星尔克 × 统一"为健康燃擎"

继与热门游戏《王者荣耀》、国风动漫《一人之下》等知名 IP 合作后，鸿星尔克又将营销合作对象锁定在食品行业。在 2022 年 7 月小暑之际，鸿星尔克与知名品牌统一进行跨界合作，共同向消费者传递了"为国民健康助力"的美好愿景。

此次跨界合作是由统一促成的。当时正值夏季，是饮料品牌的营销爆发期。于是，为了体现健康的宗旨，深化品牌和产品认知度，扩大品牌声量，同时为了巩固新青年这一目标群体，统一找到了同样受新青年欢迎的品牌——鸿星尔克进行合作。

鸿星尔克携手统一，打造了颜值很高的联名款夏日跑鞋，如图 7-7 所示。该跑鞋先在统一的抖音直播间亮相，后来又在鸿星尔克的官方旗舰店上架。另外，二者还一起在抖音上发起了"健康燃擎喝绿茶夏日挑战赛"，并邀请何广智担任"健康燃擎官"。何广智呼吁网友积极参加挑战赛，让身体的每个细胞都活跃起来，共同"为健康燃擎"。

为了推广跨界活动，宣传联名款夏日跑鞋，鸿星尔克与统一还举办了"为健康燃擎"主题直播发布会，如图 7-8 所示。发布会的领衔者是"野生超模"陆仙人，由他代表新青年发声再合适不过了。他从一个月薪只有 2500 元的流水线工人，逐渐成为在国际秀场上"驰骋"的超模，这种奇妙经历可以为新青年带去力量，让新青年以更好的状态迎接挑战。

图 7-7　鸿星尔克 × 统一联名款夏日跑鞋

图 7-8　"为健康燃擎"直播发布会

在鸿星尔克和统一的携手努力下，此次跨界活动取得了非常亮眼的成绩：总曝光量超过 2 亿，发布会观看人数高达上百万。通过此次活动，统一大大提升了自己在新青年圈的影响力和竞争力，深化了健康、活力满满的品牌形象。而鸿星尔克也借助联名款夏日跑鞋触达了更多年轻群体，并与他们产生情感共鸣，实现了营销效果最大化。

第8章

团队管理：
用创意文化凝聚人心

美国商业杂志《财富》每年都会评选适合工作的100家企业，谷歌曾经多次名列第一，成为诸多员工向往的企业。谷歌最具吸引力的，大抵是与众不同的团队管理模式和创意文化。谷歌把团队看作一个个可以随时变换、组合的"小细胞"，这些团队擅长跨部门合作，为谷歌带来了无限活力，也是谷歌迅猛发展和扩张的秘诀。

8.1 狼性团队的核心能力

华为的狼性文化从诞生以来，一直受到管理者的关注和青睐，还吸引了无数企业争相模仿。其实打造如华为一般的狼性团队看似简单，实则并不容易，以至于不少企业都遗憾地倒在了模仿的路上，甚至落得个分崩离析的下场。强悍精干的狼性团队是如何炼成的呢？关键就在于培养四大特质：更快的反应速度、更高的运行效率、更强的专业能力、更活的管理方式。

8.1.1 更快的反应速度

更快的反应速度意味着企业必须在市场竞争中更高效地挖掘关键信息，分辨消费者的真实需求，尽量在最短的时间内帮助消费者解决问题，给消费者一个满意的答复。通常一个反应速度快的团队应该具备以下四种核心能力。

第一，高效的决策能力。企业的发展方向往往会受到决策能力的影响，只有正确、高效的决策才能让企业朝着理想的方向前进，才能让团队在消费者遇到问题时迅速做出反应并找到最优解。例如，在鸿星尔克因为捐款事件受到广泛关注后，营销团队立刻做出反应，推出了一系列极具创意的营销活动，并和知名IP进行跨界合作，在市场中获得了极大曝光度。

第二，优秀产品的研发能力。在消费者的需求逐渐清晰后，研发部门应该研发新产品以满足需求。随着社会发展速度的加快，企业只有不断推出新产品，才能适应变幻莫测的市场形势。如果企业的产品研发能力不够，那么只能被这个日新月异的时代慢慢淘汰。

第三，高质量产品的制造能力。研发和制造是相辅相成的两个步骤，如果只有研发没有制造，那么产品就不会被生产出来，消费者也就不会被产品吸引；如果只有制造没有研发，那么企业生产出来的产品很可能是缺乏创新力和缺乏个性的流水线产品，这样的产品很难与其他企业的产品区别开来。所以，企业要将研发团队和制造团队管理好，确保团队可以用最快的速度和最短的时间做出消费者真正喜欢的产品。

第四，产品的销售能力。产品的销售能力是判断企业能否获得收益的重要标准。如果销售不成功，那么研发、制造等环节都将失去作用，企业在损失人力、物力、财力的同时还无法获得回报。培养销售能力，关键在于重复，即借助广告渠道让消费者近距离接触产品，确保他们可以一而再，再而三地看到关于产品的广告，从而使他们在有需求时自然而然地选择企业的产品。

在商业环境瞬息万变的今天，团队的反应能力稍微慢一点，就会错过很多绝佳机会。想想看，一个遇到突发事件可以迅速反应的团队，和一个笨拙、不知变通的团队，哪个更能适应市场呢？答案可想而知。相比之下，机动、灵活是团队的最佳优势，所以在当下时代，谁"跑"得更快，谁就可以抢占先机，获得更多更有价值的资源。

8.1.2 更高的运行效率

纵观很多优秀甚至伟大的企业，我们可以发现一个规律：这些企业之所以能持续成长，是因为总有一群人在尽自己最大努力用最高的效率完成目标。将这群人组成极具战斗力的高效率团队，对于企业来说是重要且艰巨的任务。一个高效的团队通常需要做到以下五点。

第一，提取关键信息并加强沟通。

提升效率的一个比较不错的方法是，从行动计划中提取几个简单、容易记忆的关键词，一遍又一遍地传达给员工，直到员工对企业的目标心领神会。另外，员工也要清楚地知道哪部分工作需要首先完成，同时还要在完成工作的过程中与其他同事保持沟通和交流。

第二，创造合作机会。

办公环境往往体现着企业的开放性和透明度。企业应该为员工提供开放、合作的工作空间，让员工可以尽情地召开非正式会议或进行头脑风暴，同时鼓励员工发挥合作思维。当团队"拧成一股绳"时，各环节和各项工作的运行效率会有很大提升。

曾经鸿星尔克直播间有近百万人同时在线，大量账号评论捐款事件，还出现了很多假账号冒充鸿星尔克带货。当时鸿星尔克的九大部门迅速联动，建立了20多个沟通群协商如何解决问题。大家一起识别假冒账号，防止这些账号给消费者造成误导。市场团队、营销团队还立刻发起了多元话题，反复引爆品牌热点，帮助鸿星尔克降低了风险。

第三，打破信息孤岛。

根据实际情况适当调整工位，允许不同部门的员工坐在一起办公，给予他们更多合作与交流的机会。在企业内部，如果市场部门能够及时告诉研发部门消费者想要什么，客服部门告知营销部门消费者最普遍的抱怨，那么整个团队的力量都会被激发出来。这种不同部门共享信息的方式可以推动产品销售，提升消费者满意度，为企业带来更多回头客。

第四，制订合理的工作计划。

在面对繁杂的工作时，员工应该制订合理的工作计划，明确自己先做什么、后做什么，这样有利于提升工作效率，有条不紊地完成任务。另外，找对方法对员工迅速完成任务而言也十分重要。只有方法正确，员工才不会浪费不必要的时间，才不会拖累团队的工作进度。

第五，给予员工充足的休息时间。

虽然延长工作时间可以让员工完成更多工作，但前提是必须适度。如果一味地让员工工作，占用员工的休息时间，那么员工的工作效率只会降低。总之，员工的休息时间应该受到保障，这样他们才有充沛的精力，从而更好地完成工作。

提升运行效率不仅可以最大限度地发挥企业在市场中的竞争优势，还可以防止企业出现资源过度浪费的现象，同时带动员工为企业的发展和生存共同努力。

8.1.3　更强的专业能力

专业能力有两层含义：一是要有专业的思路；二是要有为消费者做贡献的理想和信心。对企业来说，团队的专业能力不够是非常可惜的一件事，因为这会浪费很多资源。

团队如何才能有更强的专业能力？具体可以从以下几个关键点入手。

关键点1：技能

技能通常可以分为三大类，一是技术性或职能性的专家意见；二是解决问题或做决策的技能；三是建立和维护人际关系的技能。团队要获得这些技能，应该注意以下问题。

（1）所有技能是否可以反映团队的任职资格？

（2）员工是否可以把自己的技能提升到企业要求的水平？

（3）对业绩很重要的技能有没有被忽视或低估？

（4）员工愿不愿意花费时间帮助他人解答问题、提升技能？

（5）团队是否需要引进新技能？

关键点2：信任

团队的信任来自共同的、有意义的目标，这样的目标可以帮助企业确定发展基调和方向。为了建立信任，顺利完成目标，以下问题需要注意。

（1）目标是否包含了与团队相关的远大理想？

（2）所有员工是否按照同样的方式了解了目标？

（3）员工是否时刻记得目标，并积极拓展其潜在含义？

（4）目标是否包含了值得回味且容易记忆的文化元素？

（5）员工是否认为目标是重要的，且愿意为实现目标而努力？

关键点3：责任感

根据是否相互承担责任可以检验团队的凝聚力和团结程度，也可以反映出团队在遇到问题时是否足够专业。让员工形成责任感需要注意以下问题。

（1）员工是否愿意为实现目标承担应有的责任？

（2）员工是否可以根据目标完成情况衡量自己有没有进步？

（3）是不是所有员工都知道自己对目标的实现负有责任？

（4）员工是否明确地了解什么是自己的责任，什么是共同的责任？

（5）有没有员工会认为"团队只会失败"？

关键点4：业绩

业绩是衡量专业能力的一个非常直接且重要的标准，团队的业绩好，专业能力通常都比较强。要想提升团队的业绩，应该从以下方面去努力。

（1）明确当下比较迫切的重点工作和未来的发展方向。

（2）通过技能比赛识别高潜力员工，并将其作为重点培养对象。

（3）为员工制定一些明确的行为规则。

（4）确定一些可以在短时间内提升业绩的工作和目标。

（5）经常向员工传递新鲜信息，开拓他们的想象力和创造力。

（6）及时奖励业绩好的员工，承认他们的专业能力。

综上所述，打造专业能力强的团队有四个关键点：技能、信任、责任感、业绩。如果企业重视这些关键点，并鼓励团队朝着共同的目标前进，那么就会得到三个产出：个人成长、集体进步、优秀的工作成果。这些产出对企业的长久发展大有裨益。

8.1.4　更活的管理方式

目前以 Z 世代为代表的员工闪亮登场，在职场上尽情奔腾。他们作为一股不可或缺的新鲜力量，不再仅满足于物质激励，也不再强迫自己去适应传统管理方式，尤其是那些死板的管理方式。

与 70 后和 80 后相比，Z 世代更关心自己的能力会有哪些提升，也希望企业可以帮助他们实现个人价值最大化。这意味着企业需要激活他们的自我效能和成就动机，以更活的管理方式为他们赋能，从而进一步提升团队的自我驱动力。

那么，国货企业应该如何为员工赋能？

第一，实施向上反馈机制，营造开放、平等的文化氛围。

传统的向上反馈机制可能靠在企业内部设置意见箱，让员工畅所欲言，但现代化向上反馈机制要营造开放、平等的文化氛围，培养员工的合伙人意识和自主成长意识。企业需要听取员工的意见和建议，从中察觉细微之处，保障后续变革顺利进行。

第二，适当放权，激发自我效能。

现在很多企业为了激发员工的工作积极性和自我效能，会给员工一定的决策权，让员工更独立、自主地工作，而不需要事事请示上级。这样员工会逐渐具备独立思考、主动承担责任的能力，从而以主人翁的身份更好地应对突发事件。

第三，善用"授人以鱼，不如授人以渔"原则。

在企业发展初期，团队势必会遇到各种各样的问题，此时大家应该团结在一起解决问题，并总结出一般性方法论。企业需要使用"拉模式"，即拉着员工走，向员工传授技巧，指导员工独立完成工作，为员工提供相应的资源，让员工对消费者负责，而非对领导负责。

但领导要对员工负责，帮助他们提升效能，让他们掌握做事的关键点。另外，如果有必要，领导还需要充当"救火员"的角色，帮助员工弥补工作漏洞。

第四，有想法马上执行，错了及时更正。

正所谓"纸上得来终觉浅，绝知此事要躬行"，想百遍，不如做一遍。当员工有想法时，领导需要鼓励他们立刻去执行，即使他们出现错误也不需要过分纠结，及时更正就可以了。尤其在开展新任务时，大多数员工往往需要反复试错才能找到最佳路径。

没有一家企业能够脱离大环境而存在，特别是在互联网迅速升级、市场越来越开放的背景下，管理方式多元化已经成为一个十分重要的发展趋势。国货企业需要思考外部环境变化对团队的影响，结合未来战略设计符合自身实际情况的管理方案，帮助团队提升绩效。

8.2 整合资源，增长为先

企业是由很多部门组成的，不同部门通常掌握着不同资源。为了提升整个团队的效率，尽快完成增长目标，企业需要将这些部门及其手中的资源整合到一起。这种做法既迎合了共享、开放的发展趋势，也可以让一直困扰企业的孤岛问题得到妥善解决。

8.2.1 整合各部门，破除谷仓效应

现在很多企业都面临着这样的问题：跨部门沟通存在很大障碍，大家根本不在一个"频道"上，以至于工作无法推进。为了解决此问题，企业应该迎合开放、共享的发展趋势，引进现代化沟通与协作工具，将不同部门之间的"墙"打通。

工具1：故事墙

故事墙将需求以卡片的形式展示出来，如图8-1所示，卡片的位置越高，代表需求的优先级越高。通过对需求进行梳理，团队的工作进度将一目了然。需求卡片通常以不同颜色进行区分，主要由需求内容和执行进度两大部分组成。当需求出现时，员工可以通过故事墙了解一些隐性信息。举例来说，如果某个需求长期未被解

决，那么说明团队遇到技术瓶颈，需要与其他部门沟通，明确是需要加大资源投入还是暂时放弃该需求。

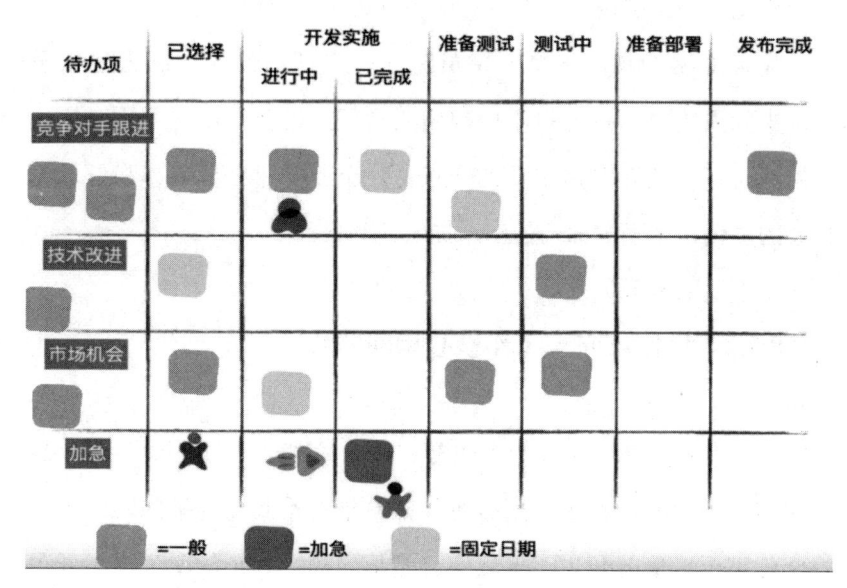

图 8-1　故事墙

工具 2：数据墙

数据墙比较适合营销团队使用，因为它可以将反映营销情况的关键数据展示出来，如日新增量、日活跃量等。数据墙可以培养员工关注数据的习惯，增强其数据分析能力。在营销过程中，营销团队需要将自己发现的数据展示在数据墙上，分析实施营销方案前后的数据表现，从而使自己更好、更高效地了解后续营销工作的突破点。

工具 3：协同工作平台

大多数传统平台不支持多人协同工作，往往需要一人完成文档编辑后再发送给下一人，整个流程比较烦琐且浪费时间。而 Work

tile、会议桌、腾讯文档、印象笔记等新一代协同工作平台则完美地解决了这个问题，员工可以根据文档开放范围在线同时作业，与同事轻松完成协作撰稿、方案讨论、会议记录、资料共享等工作。

除了上述工具，选择一位员工或一个部门作为中间人也很重要。中间人需要承担连接不同部门的责任，以及在出现矛盾时解决问题的责任。还有非常重要的一点是，企业要建立以共享和开放为核心的文化，为不同部门的沟通提供便利条件。

8.2.2　目标导向：工作核心指向增长

很多人都应该听说过一个风靡一时的名词——"增长黑客"。虽然在实现增长的过程中，所有企业都希望在不到 5 分钟的时间内获得十倍甚至百倍的效果，但现实总是很残酷。真正的增长离不开员工的共同努力，如果企业没有以增长为目标的团队，那么一切为了增长而做的工作都将是徒劳的。因此，企业需要建立一个以增长为目标的团队，但在此之前，企业必须思考一些关键问题，然后判断自己是否真的已经做好了准备。

问题 1：有没有为团队准备足够的预算？

一个可以以增长为目标的团队不可能仅由一位员工单独支撑起来，而是需要由一些经验丰富、能力强的人才共同组成。而且随着企业的发展和扩张，领导还需要根据实际情况调整团队规模和分工，同时为团队留出足够的预算，并做好在短时间内可能不会产生任何收益的心理准备。

问题 2：在有限的空间里，涌入的流量是否得到妥善处理？

当企业发展到一定阶段时，基础设施会变得更完善，很多之前解决不了的问题也可以顺利解决。但对于刚刚发展起来的企业来说，处理流量是一项比较重要但又很困难的工作，此时就需要受过专业培训的员工来负责这项工作。另外，在处理流量的过程中，团队必须付出 100% 的精力和时间让产品实现病毒式传播，从而进一步提升企业的影响力。

问题 3：增长可能来自哪个方面？

如果你是领导，那么你不仅要对整个团队负责，还要对增长情况了如指掌，要清楚增长可能来自哪个方面。为此，你不得不考虑很多问题，例如，企业使用的发展战略是什么？企业掌握了哪些先进技术？团队有什么独特优势？在增长过程中可能出现哪些问题和挑战？

你还需要了解企业面临哪些竞争，分析产品会有多大的市场。当然，如果是新产品，那么你应该掌握其核心卖点，分析其有没有可能被广泛传播。当你把所有问题都分析透彻后，就可以为团队制订合适的工作计划，将产品更好地推广出去。

对于团队来说，目标相当于一个支点，有了支点，也就有了工作方向和工作动力。以增长为目标的团队往往有一个很明显的优势——不害怕失败。其深谙"实践出真知"的道理，会从一次又一次的失败中总结经验，然后不断发现问题，用心解决问题。

8.3 用文化激发团队战斗力

从人的角度来说，建立文化就是打造一个以人为传播途径的结构，然后逐渐让每个人都成为文化推广大使。为了达到这样的效果，企业需要解决两大难题：团队意愿和团队能力。解决了这两大难题，文化就可以在企业内部落地，并最大化地激发团队的战斗力。

8.3.1 团队意愿：做好文化工作的基石

文化无法落地的一个很重要的原因是团队意愿不足，举例来说，有些员工经常会在心里抱怨："凭什么我要承担传播文化的责任？"还有些员工认为传播文化是本职工作以外的工作，只要随便应付一下就好。要想消除这种不正确的思想，企业应该将各部门联动起来，让大家都充分理解传播文化的价值与意义。当员工有了传播文化的意愿后，后续工作的开展就会比较顺利。那么，如何才能让员工产生这种意愿呢？

方法1：赋予员工身份荣誉感

文化的终极作用是实现组织协同，为企业创造更大的价值。企业要引导员工认可文化的重要性，让他们充分感受在文化传播过程中，自己可以获得的价值感和权益。例如，在选择即将提拔的人才时，领导可以组织竞聘活动。这样一方面可以通过活动的造势加强员工对文化的关注；另一方面可以赋予员工强烈的荣誉感和自豪感。当然，领导也可以为积极传播文化的员工设置相应的权益，如专项补贴、升职优先权、加薪优先权等。

方法 2：借助考核激发员工的责任感

企业应该让员工意识到传播文化不是一项额外工作，而是大家都必须承担的义务和责任。因此，只为员工提供"软权益"是远远不够的，一些必要的"硬考核"也不可或缺。考核可以确保员工传播文化的意愿一直"在线"，有利于加速文化落地进程。

企业通常可以从以下两个方面对员工进行考核。

（1）达标式考核，其核心是建立考核标准清单，包括文化传播渠道是否合理、文化知识是否理解到位、文化传播效果是否良好。

（2）考核关键工作，即解决员工"做没做"的问题，包括重点文化活动做没做、文化推广工作做没做、文化知识竞赛做没做等。

方法 3：奖励为主，惩罚为辅

与考核配套的往往是"末位淘汰"机制，目的是让员工重视考核。但除了这种惩罚，设置文化工作评优奖励也很有必要。肯定优秀员工的业绩，让他们分享文化传播经验，可以激励其他员工传播文化，带动整个团队的工作热情和积极性。

8.3.2 团队能力：用文化工具与培训完成赋能

意愿是做好文化工作的基石，但要让文化真正地在企业内部落地，不能只靠"一腔热血"，还要对每位员工提出一定的能力要求。在传播文化的过程中，很多员工可能会有这样的疑惑——我应该怎么做？此时企业可以通过文化内容与培训为员工赋能。

1. 提炼可视化、标准化的文化内容

企业需要从大量的文化工作中提炼可视化、标准化的文化内容，并对其进行细致的分析和梳理，包括文化活动运营方法与步骤、品牌 Logo 使用规范、推广物料摆放方式等。将这些文化内容形成《文化工作指导手册》发放给员工，可以帮助员工深入理解文化。

2. 以精准培训为主，以分派任务为辅

在开展文化工作的过程中，分派任务虽然重要，但借助培训让员工学习传播文化的方法和技巧更加重要。企业可以为那些没有条件提炼可视化和标准化的文化内容的团队提供培训，为团队赋能，如文化认知、文化落地模型、文化推广稿撰写技巧等。

瑞士心理学家卡尔·古斯塔夫·荣格（Carl Gustav Jung）曾经提出一个概念——"集体无意识"，它代表着无数相同经验在不同个体心中形成的沉淀物。文化作为企业的沉淀物，是有传承功能的，因为其背后有着稳固的结构，可以支撑"集体无意识"的实现。如果企业将有意识的文化传播转化成无意识的文化传承，那么就相当于有了"强健的筋骨"和"发达的肌肉"，竞争力必然能更上一层楼。

第 9 章

全链路数字化营销：促进长效增长

詹姆斯·麦肯锡（James O. Mckinsey）曾经在《麦肯锡季刊》中提出"数字品牌化"（Digital Branding）的概念，这相当于在营销界升起第一缕数字化营销的曙光。时隔多年，随着企业对增长的需求越来越强烈，数字化营销又被加上了"全链路"这个前缀，并成为营销会议室里的重磅话题。

未来，在线上渠道与线下渠道打通的趋势下，全链路数字化营销将发挥其独特的整合优势，帮助企业找到撬动生意增长的新支点。到了那时，越来越多的企业将通过全链路数字化营销实现"重生"，并找到一条适合自己的可借鉴、可复用的增长之路。

9.1 数字化重构"人""货""场"

如火如荼的数字化趋势让那些没有跟上时代的国货企业受到重创,过往人声鼎沸的门店也躲不过门可罗雀的宿命。纵观整个市场,数字化虽然给企业带来了危机,但也催化了行业变革。面对业绩低迷的现实情况,国货企业应该思考如何才能更迅速地适应瞬息万变的大环境,打一场漂亮的"逆风翻盘"仗。要解决这个问题,关键在于紧密围绕"人""货""场"的重构进行转型。

9.1.1 精准个性的"人"

纵观当下整个社会,物质财富虽然已经极大丰富,但产能过剩、供需脱节等问题依然比较严重;互联网迅猛发展,之前一直困扰买卖双方的信息不对称问题日益弱化,零售商、生产商再也不能随意控制价值链;大众的收入水平和生活质量不断提升,消费偏好和需求都发生极大变化。这一切都意味着,生产者主导模式和销售者主导模式已经成为过去,取而代之的将会是迎合了新零售时代的消费者主导模式,即消费者想要什么,生产者就生产什么。

基于上述推断,要理解"人"的重构,关键在于将消费者的需求看作一切价值活动的起点。而被重构后的消费者，也不再是传统意义上的消费者，他们将具备以下几个特点。

（1）他们越来越青睐个性化十足的体验式消费。

（2）社交、学习、工作都占据着他们的时间，时间对于他们来说变得更宝贵。

（3）购买界限逐渐消失，他们可以随时随地，想消费就消费。

（4）线上渠道和线下渠道都会成为他们的消费途径。

（5）他们一旦形成消费习惯，就会持续购买某个品牌的产品。

消费者变得和之前大不相同，此时企业应该尽量创造与他们近距离接触的机会，了解他们的偏好，节约他们的决策时间。而做好这项工作的关键，就是仔细分析"5W1H"问题。

（1）Who：消费者是谁？他们喜欢什么样的产品？

（2）When：消费者通常会在什么时间购物？消费频率如何？

（3）Where：消费者通常会在哪里购买产品？

（4）What：消费者在特定的时间和地点做了什么样的决策？

（5）Why：消费者为什么要做这样的决策？还有其他替代方案吗？

（6）How：消费者是怎么做决策的？如何提升他们做决策的效率？

把这些问题考虑清楚，消费者画像就会变得清晰，而不会再像传统零售时代那样模糊不清。而且新零售时代来临，互联网不断发展，海量数据被沉淀和积累下来，这就为国货企业无限接近消费者提供了绝佳机会和途径。以国产零食品牌良品铺子为例，从2017年开始，良品铺子对其消费者体验管理策略进行了4次调整，最终形成了如今的精细化体验管理。

一是打破数据孤岛，做好全渠道消费者体验收集工作。良品铺子打通了淘宝、天猫、京东、拼多多、当当及良品App等多个线上平台，借助CEM（Customer Experience Management，客户体验管理）系统收集消费者评价，从而优化产品包装和口味。

二是绘制立体的消费者画像，强化品牌与消费者之间的联系。良品铺子从基础画像、需求画像、模式画像及偏好画像四个方面绘制消费者画像。基础画像主要用于了解消费者的性别、年龄、地域等人口统计特征，便于良品铺子明确消费者的整体构成。需求画像主要用于了解消费者的需求偏好，例如，消费者爱吃果脯还是坚果，爱吃甜的还是咸的，喜欢独立包装还是大包装等。这有助于良品铺子优化产品口味和包装设计。模式画像根据"5W1H"了解消费者的购买模式，便于良品铺子优化线下门店。偏好画像则是对消费者的兴趣爱好、时尚风格、常用媒介等内容进行了解，良品铺子需要以此为依据开展后续的品牌营销活动，进一步提升品牌认知度。

三是重视线下门店工作，丰富消费者体验感。良品铺子在全国有超过3000家实体店，会根据不同的主题，将影视作品、季节、节日等元素融入门店装潢，增强消费者购物的氛围感。2023年，良品铺子在武汉推出"零食王国"店，以普通门店十倍的大小引发消费者讨论。店内产品已经从包装零食升级为现制咖啡、现烤点心等。在服务方面，"零食王国"店配备含有充电线、创可贴、口罩等物品的"百宝箱"，并降低货架高度，方便儿童选购。

凭借精细化的消费者体验管理，良品铺子已总结出儿童、学生、白领、孕妇、妈妈、银发一族等13类消费者群体，利用完整的消费者画像还原真实消费者，从而灵活地调整产品促销策略，为消费者提供定制化服务。

新零售时代让消费者的一切行为都被紧密地串联起来，实现了由点到面的全方位蜕变。如此一来，消费者画像得以生成，企业也能更有的放矢地制定战略。

9.1.2　高效流通的"货"

在传统零售时代，"货"即产品，它有没有竞争力，通常是由成本和价值两个因素决定的。所有消费者都希望自己可以在付出低成本的同时获得尽可能高的价值。因此，国货企业经常会打价格战，以促成交易的实现。然而，到了新零售时代，一切都会变得不同。

消费者的消费水平不断提升，琳琅满目的个性化产品不断涌现，曾经深受推崇的"薄利多销"模式和"物美价廉"模式都被颠覆。现在越来越多的国货企业更关注差异化货盘，希望备货可以具备多样化、新颖化、优质化等特点，从而进一步加强库存管理。例如，在差异化货盘方面，鸿星尔克就一直坚持以前瞻视角思考和解决问题。

当发现线下渠道已经成为"线上增量"后，鸿星尔克立刻成立了项目组，对线下的业务团队进行培训，并为其提供资源保障。在项目组的指导下，业务团队深入了解了消费者的需求，同时围绕不同消费者打造出了分层化产品销售模式。例如，时尚、潮流的"星创店"主打新品和正价产品，以吸引追求个性的年轻人；奥特莱斯店主打高性价比产品，以吸引追求性价比的消费者；垂直类运动店则主打运动产品，以吸引那些追求专业性的跑者。

在重构"货"的过程中，鸿星尔克形成了以跑鞋、滑板鞋、综训鞋为核心的产品矩阵，并进一步拓宽了销售品类，优化了产品的销售周期与折扣率。这样鸿星尔克就可以不过度依赖单品爆款，还能保证价格稳定，最终带动整个产品体系的发展。不仅如此，为了让同类门店也可以实现差异化货盘，鸿星尔克还采取了分销模式，即不同门店所订产品各不相同。

当然，"货"的重构不仅仅局限于产品本身，企业还可以将目光延伸至整个供应链。在供应链管理中，企业的资源是否丰富，在一定程度上取决于生产要素占有量的多少。但在新零售时代，除了生产要素占有量，企业更关键的资源是与消费者"对话"的能力。

只有尽可能地保证与消费者"对话"的频率与质量，企业才能知道消费者究竟想要什么，产品的成本与价值在消费者心中的构成比例才会显现出来。更进一步说，与消费者"对话"可以产生数据，有了数据，企业就能明确设计、研发、运输、销售等环节的重点。

此时企业不再一味地追求效率，而是开始关注如何才能用最低成本制造出不同消费者想要的不同产品，并将产品以最快的速度送到他们手中。另外，包括鸿星尔克在内的诸多企业也越来越重视社群的搭建与运营，其根本原因是它们希望消费者不要在消费结束后就狠心离开，而是借助社群将消费者留下来，多创造一些与消费者"对话"的机会。

综上所述，新零售时代对"货"的重构，不只是产品本身的成本与价值延伸,也是以消费者为中心的供应链的创新与升级。在新零售背景下,企业还需要在销售上游、下游,以及同行之间"周旋",为消费者提供更多增值服务,吸引更多回头客,进一步提升复购率。

9.1.3 全时全域的"场"

在传统零售中,"场"(消费场所或场景)存在的意义在于促成交易,只要交易顺利完成,消费者似乎不会过多地关注与"场"有关的其他部分。他们面对的消费场景通常包括线下消费和线上消费。线下消费,如进店、选购、付款、离店;线上消费,如搜索关键词、浏览详情页、加购、付款、收货。

但现在,大多数消费者的需求已经不只停留在购买产品的层面上了。尤其是越来越年轻的消费群体,他们除了重视产品的质量和性价比,还希望企业可以提供包括人物、事物、剧情在内的综合消费场景。这种消费场景可以触动他们的内心,促使他们更主动地买单。

换言之,消费者表面上是在购买自己喜欢的产品,但他们购买的其实远不止产品本身,还有由产品延伸而来的可以满足他们需求的消费场景。这就很好地解释了为什么很多企业都在争先恐后地抢占线下流量入口,一个非常重要的原因就是只依靠线上渠道,消费者很难获得全方位、高质量的消费体验,毕竟可以看到、触摸到的产品才最真实。

为了拓展线下渠道,企业不妨以门店为场景进行直播,以便最大化地发挥门店的价值,节约直播场景搭建成本。更重要的是,门店直播模式还可以增强消费者对企业的信任感和认同感，兼顾线下购物体验和线上互动，从而更好地促进转化。

雅戈尔作为一家积极拥抱新零售趋势的代表性企业，曾经因为竞争激烈、市场形势差导致门店的业绩受到巨大冲击。房租开支、库存积压等"大山"更是压得雅戈尔喘不过气来。为了摆脱困境，开拓新渠道，雅戈尔于2022年初花费上百万元打造了新零售时尚体验馆，抓住了新零售时代的线下流量入口。有了这个体验馆，之前只存在于镜头中的直播间也有了门店背书，线上与线下的消费群体也被更好地融合在一起。

同样积极布局线下渠道的还有森马。2022年9月，森马推出了自己的首家数字门店——杭州西湖工联CC店（以下简称CC店）。在橱窗设计、墙面绘制、产品陈列、直播场景等方面，CC店都体现出了非常浓厚的杭州特色，森马也借此打通了线上与线下渠道，搭建了一个与消费者连接和互动的大型聚合空间。而且森马还参与了抖音电商"921"大促活动并取得了非常不错的成绩，其单场成交量突破百万大关，实现了营销的数字化升级。

在挖掘线下流量方面，波司登做得也很到位。2022年10月，波司登在上海静安区开设了自己的首家体验店，该体验店使用三层空间设计，每一层都放置了智能互动体验设备。2022年11月，波司登×Maserati高端户外WIFI系列产品正式发布，为消费者提供了极具沉浸感的购物体验，如图9-1所示。为了让消费者充分感受到产品的亮点，有更真实的逛店体验，波司登创新应用"云逛店"直播模式，使直播间人数持续攀升，最大化地发挥了门店的场域优势。

图 9-1 波司登 ×Maserati 高端户外 WIFI 系列产品正式发布

门店直播模式是抢占线下渠道的最佳手段之一，但不是唯一手段。企业还可以借助各种科技元素让门店与健身、娱乐、影视等其他行业融合，让消费者在购物过程中产生强烈的参与感。就像前文所介绍的鸿星尔克与小度的合作，融合门店与健身场景，通过小度添添智能健身镜让消费者感受健身的乐趣和健康、快乐的生活方式。这一活动开创了线下渠道新玩法，为消费者提供了智能、便捷的新鲜体验，堪称极具代表性的"场"升级典范。

新零售时代已经来临，企业需要围绕消费者进行洞察与创新，充分理解"人""货""场"的重构。只有这样，企业才可以更好地触达消费者、完善产品体系、升级消费场景，从而更淡定、安心地接受新零售时代赋予自己的一切精彩和美好。

9.2 打通营销全链路

在信息碎片化时代,消费者似乎变得"麻木"了,那些充满套路的营销手段已经无法让他们产生共鸣。于是为了吸引他们,企业各出奇招,推出了很多营销新玩法,例如,打通营销全链路,探索更高效的媒介形态,将流量牢牢地聚集在自己手中。

9.2.1 连接触点,"品效协同"升级

人们都说"鱼和熊掌不可兼得",很多企业却偏偏希望通过营销实现品牌声量增长,同时还要带动销量提升。到了新零售时代,这样的想法似乎不再是那么不切实际,人才辈出的营销界甚至将其浓缩为一个词语——"品效合一"。

不过从诞生到现在,"品效合一"始终没能实现规模化落地。于是,营销界又抛出了另一个新概念——"品效协同"。两者有什么差异?简单地说,"品效合一"主要通过短线思维评估营销效果;而"品效协同"则用长线思维衡量品牌广告和效果广告的价值。

在长线思维的指导下,以创意见长的品牌广告和以促销见长的效果广告都能充分发挥优势,这对老拍档不至于因为谁为企业贡献

更多而出现不可调和的矛盾。如今,很多企业都十分关注"品效协同",希望自己可以尽快行动起来真正做到"品效协同"。

第一,"品效协同"需要清晰的信息点。

无论品牌广告还是效果广告,有了清晰的信息点,消费者就可以迅速知道广告要传递的内容。清晰的信息点往往是一句断言,如"怕上火,喝王老吉""穿伊人装,做自由人"等。这样的信息点掷地有声、简单直接,有利于品牌传播。

第二,"品效协同"需要具体的行动。

记忆是由经历组成的,能让消费者产生记忆的通常是具体的行动,而不是时间。这里所说的行动可能是在直播间下单一件羽绒服,可能是把看到的心仪的连衣裙分享给闺蜜,也可能是将优惠活动转发至朋友圈。总之,企业要与消费者建立联系,引导消费者主动做出正向决策。

例如,在直播过程中,企业可以借助实物福袋、抖币福袋等礼品提升人气,引导消费者主动分享直播链接,将分享这个行动深深地植入消费者的脑海中。到了直播后半场,当直播间的流量趋于稳定增长时,即使没有礼品相赠,消费者也会主动下单购买自己心仪的产品。

第三,"品效协同"需要可以迅速转化的行动时刻。

消费者的消费冲动通常只会维持很短的时间,可能只有几秒钟或几分钟,最多不超过10分钟。过了这个时间,企业要想再次引起他们的消费冲动,就必须给他们更高强度的刺激。比较好的做法是使多种内容与多个渠道相互配合、共同协作,为他们创造一个行动时刻,促使他们的消费冲动迅速得到释放，最终转化为真正的消费行为。

举例来说，你中午在小区电梯里看到了鸿星尔克的广告；下午刷抖音时看到了鸿星尔克官方账号发布的短视频；晚上逛淘宝时又恰好进入了鸿星尔克的产品详情页；第二天同事还和你分享了他昨天刚刚下单的鸿星尔克的运动套装。此时你是不是很心动，也想购买鸿星尔克的产品？这其实是一套经过精心设计的营销策略，即先让消费者在多个渠道看到广告和产品信息，然后触发行动时刻，接着让行动时刻立刻转化为业绩，最终实现"品效协同"。

新零售时代的"品效协同"不再是一个伪命题，而是已经有了很大的实现可能性。"品效协同"虽然让企业更懂消费者，但消费者的注意力是短暂的。这就要求企业必须持续输出价值，选择可以从心智上影响消费者的渠道，成为消费者的"真爱"，毕竟只有"真爱"才能长久。

9.2.2　扩张战略下的规模化增长

通用电气（GE）前董事长兼CEO杰克·韦尔奇（Jack Welch）曾经说："扩张不太像一个创举，更像是企业为了实现规模化增长而做出的一种本能反应。"在规模经济的刺激下，有条件的企业应该制定扩张战略，将规模化增长视作重要的经营目标，让自己重新焕发活力，引爆市场。

什么样的扩张战略可以实现规模化增长？

1. 双向扩张模式：自创新品牌 + 引入新品牌

首先来说自创新品牌。以服装企业为例。通常来说，一家服装企业的主线品牌和副线品牌会采取相似的设计理念，但在表达方式上一定会展现出很大的区别。如果主线品牌以成熟女性为目标消费群体，以知性、精致和成熟为基调，那么副线品牌就可以以年轻女性为目标消费群体，以趣味、轻灵和简约为基调，从而在不同年龄阶层的消费市场中占据一席之地。

接着来说引入新品牌。很多已经建立了成熟品牌的企业为了抢占市场份额，会继续引入新品牌，例如，雅戈尔引入了新品牌GY、太平鸟引入了新品牌贝斯堡等。与原品牌相比，新品牌会更倾向于走年轻化路线，以弥补原品牌在这方面的不足。

2. 品类扩张模式：多品类纵向延伸

通过延伸品类实现规模化增长是企业比较常用的扩张战略，该战略可以满足同一消费群体的不同需求。例如，海澜之家就逐步推出了品类多样的男士用品，包括衬衫、T恤衫、西装、领带、皮带、皮包、钱夹等，使其广告语"男人的衣柜，海澜之家"得以充分体现。

3. 品牌细分模式：多品牌横向扩张

多品牌横向扩张战略目前很受企业欢迎。以华熙生物为例，华熙生物一直深耕生物科技领域，旗下有多个定位各异的子品牌。例如，润百颜采用HA+生物活肤技术，为消费者提供定制化肌肤解决方案；米蓓尔专为敏感肌研制，与多位皮肤科专家合作，帮助消费者重建肌肤认知；Bio-MESO 肌活专研生物发酵技术，旨在唤醒肌肤活力，满足全肤质日常需求；三森万物以《道德经》为品牌哲学，专研洗发护发；甜朵面向美容院市场，利用产品＋数字中台系统，提升门店服务水准，为消费者带来更专业的美容体验。

鸿星尔克、海澜之家、华熙生物之所以扩张，一个很重要的原因就是有实现规模化增长的需求。企业一旦拥有了规模化增长能力，就会持续升级，变身"独角兽"，赢得更多发展机会。

9.3 搭建可持续增长的营销体系

"营销体系"不是近几年才出现的词语，而是随着商业的诞生发展起来的，历史十分悠久。现在营销的重要性逐渐凸显出来，几乎所有企业都加强了营销体系建设，对于一直在追求可持续增长的零售企业来说，更是如此。那么，一个可持续增长的营销体系是如何搭建的呢？要解决这个问题，有两大关键点：一是消费者生命周期管理，二是数据赋能决策。

9.3.1 消费者生命周期管理，构建全渠道触点

近几年，关于消费者生命周期的理论层出不穷，很多企业为了

更深入地了解消费者,直接将这些理论拿来照搬照抄,结果到了真正实操时,才发现这些理论并不适合自己,反而增加了管理成本,走了不少弯路。其实不同企业的经营与发展逻辑有很大差别,一味地"抄作业"无法从根本上解决问题。

既然"抄作业"行不通,那就要自己"写作业",做好这件事的首要任务是了解消费者生命周期。消费者生命周期通常分为以下几个阶段,如图 9-2 所示。

获取 激活 转化 留存 推荐

图 9-2 消费者生命周期

第一阶段:获取

在获取阶段,企业及其产品第一次被消费者知晓,此时企业的目标是让更多消费者了解自己,对产品提起兴趣。企业获取消费者的方式很多,例如,通过内容营销、社群活动、优惠折扣等方式吸引消费者,让消费者主动找上门;通过广告投放、社交账号运营等方式分享品牌信息,近距离触达消费者,收集消费者线索。

处于该阶段的企业通常需要思考以下几个问题。

(1)产品可以解决消费者的哪些痛点?消费者画像是否足够精准?

(2)内容发布渠道是否合适,能否高效地触达目标群体?

(3)已经输出的内容给消费者留下了什么样的印象,是否符合品牌形象与定位?

(4)消费者对产品产生兴趣后,能否很容易地找到深入了解产品的途径？

（5）市场数据统计与分析有没有做到位，能否实现精细化运营？

第二阶段：激活

如果消费者对企业的产品表现出了兴趣并有强烈的购买欲望，那么就进入了激活阶段。在这个阶段，消费者会衡量产品能为自己提供哪些价值，然后考虑是否购买。而企业则应该想方设法留住消费者，尽快促成转化。

处于该阶段的企业通常需要思考以下几个问题。

（1）产品能为消费者提供多少价值，和竞品相比有哪些优势？

（2）产品的价值和优势能否迅速被消费者感知？

（3）对产品感兴趣的消费者能否迅速找到销售渠道或付费入口？

（4）有没有做转化率统计，并在此基础上优化销售流程和方法？

第三阶段：转化

在转化阶段，消费者会购买产品，转化为实际消费者。此时企业的目标是让消费者尽快付费，帮助他们上手使用产品，让他们对产品爱不释手。

处于该阶段的企业通常需要思考以下几个问题。

（1）消费者能否方便、迅速地完成付费？

（2）产品能否及时交付给消费者？交付体验是否到位？

（3）有没有做付费数据统计，并在此基础上优化销售流程和方法？

第四阶段：留存

留存阶段的消费者会结合产品使用感受，考虑复购事宜。企业的目标是服务消费者，为消费者提供良好的体验，保证其满意度，促使其进行复购。

处于该阶段的企业通常需要思考以下几个问题。

（1）是否及时收集了消费者的反馈意见？

（2）有没有对消费者遇到的问题进行主动及时的跟进和解决？

（3）能否精准预测消费者流失风险？

（4）是否对消费者的复购情况进行了跟踪和管理？

第五阶段：推荐

在推荐阶段，进行了复购的消费者会将产品推荐给亲朋好友。此时企业可以通过优惠活动、礼品赠送等方式鼓励消费者主动分享产品，实现消费裂变。

处于该阶段的企业通常需要思考以下几个问题。

（1）产品是否足够优秀，消费者是否愿意主动推荐给他人？

（2）有没有设计一些机制或活动，激发消费者推荐产品的积极性？

回顾整个消费者生命周期，每个阶段都是环环相扣的，基本上都需要专人负责，这就意味着会出现大量的跨部门协作工作。因此，企业需要建立跨部门协作及沟通机制，让所有团队共同为消费者负责，一起做好消费者生命周期管理。

9.3.2 数据赋能决策，自动化个性营销

营销之父菲利普·科特勒（Philip Kotler）在分享营销经验时，

经常强调数据对营销的作用。对于"数据"这个词语，大多数营销者应该并不陌生。尤其是新零售时代的营销者，如果不懂数据，好像都不太好意思和同行打交道，甚至都无法将营销工作做好。

阿里巴巴对数据十分重视，甚至认为数据已经成为一项必不可少的竞争资源。不少人将阿里巴巴看作一家数据公司，而它也确实收购或投资了很多数据公司。阿里巴巴可以将这些公司的数据打通，用数据丰富消费者画像，使自己对消费者的需求洞察更细致、精准。

鸿星尔克也很重视数据，希望借助数据和多年积累的信息化能力打造竞争优势。鸿星尔克与甄云科技合作，对采购业务进行了智能化升级。甄云科技将在采购数据收集与分析方面为鸿星尔克提供支持，帮助鸿星尔克管理供应商的数据、提升采购效率、创新采购模式，并实现全程可视化和数据赋能，进一步巩固鸿星尔克的市场地位。

不夸张地说，几乎每家企业都需要数据和数据营销思维。其实很多企业已经在用数据营销思维运营了，只不过自己没有察觉而已。例如，某企业要求门店导购记住回购消费者的性格特征、生日、消费习惯等，然后有针对性地为他们推荐产品，这就是简单的数据营销。

只不过简单的数据营销往往更适合规模小的企业。随着企业的不断发展，消费者越来越多，数据管理成本就会增加，数据营销的效果也会受到影响。但随着技术升级、数据管理设备逐渐普及、数据获取渠道增多，数据变得更容易分析和预测了。

有一家服装销售企业的数据营销就做得非常到位。消费者首次进入门店，他的关键信息都会被记录在数据管理设备中。例如，张先生在妻子生日当天到门店为妻子购买一件连衣裙作为礼物，导购会将这一情况记录下来，然后询问对方的身材、风格偏好、消费习惯等，并据此制订营销计划——等到明年他妻子过生日时发送生日祝福，以及进行其他个性化产品的推荐。

在新零售时代，数据无疑是重要的，但企业也不能盲目地依赖数据。因为数据能否为营销带来价值，一要看数据来源，二要看数据完整性，三要看数据应用情况。企业只有从正当渠道收集完整的数据，同时保证数据得到了合理使用，才能更准确地判断消费者的需求，从而根据需求制定个性化营销方案。当企业做到这一点后，成功的可能性才更大。

结　语
EPILOGUE

　　新零售时代，消费升级与消费降级同时存在，消费者不仅坚持"捂紧钱袋子"，还希望产品质量高、颜值佳、时尚感强。这种不平衡状态让企业备受折磨。为了摆脱这种折磨，企业必须升级营销方案，让自己尽快从市场竞争中脱颖而出。

　　我撰写本书的主要目的就是帮助企业升级营销方案。行文至此，我已经用比较系统的方式梳理并介绍了营销的核心逻辑和重要技巧。本书凝聚了我从业至今的所思、所想、所感，同时此次撰写的过程，也是我对自己的知识体系进行复盘与整理的过程。

　　本书的内容都是我的个人观点，难免会有疏漏，如有尚待补充之处，欢迎大家指正。最后感谢读至此处的你，无论你从事哪种职业，也不管你是否真的了解营销，甚至不去考虑我们是否会相见，我都衷心地希望你能够勇于探索、积极尝试、大胆追梦，不要辜负此生年华。